Klaus Hofmeister
Lothar Bauerochse (Hg.)

Kinder brauchen Religion

Klaus Hofmeister
Lothar Bauerochse (Hg.)

Kinder brauchen Religion

echter

Bibliografische Information der Deutschen Bibliothek

Die Deutsche Bibliothek verzeichnet diese Publikation in der Deutschen Nationalbibliografie; detaillierte bibliografische Daten sind im Internet über <http://dnb.ddb.de> abrufbar.

www.echter-verlag.de
Umschlag: Peter Hellmund (Foto: gettyone)
Druck und Bindung: Clausen & Bosse, Leck
ISBN 3-429-02786-1 / 978-3-429-02786-5

Inhalt

Vorwort

Wenn junge Eltern an der Wiege eines Neugeborenen stehen, dann steigen wie von selbst Wünsche auf: Möge es gut gehen mit dem kleinen Wurm. Möge er stark und aufrecht durchs Leben gehen, mit Menschen an der Seite, die ihn lieben und die er liebt. An der Wiege eines Neugeborenen wünscht man nicht dies und das, nicht »ein Haus, ein Pferd, ein Boot«. An der Wiege wünschen Eltern *alles* für ihr Kind, ja *»mehr als alles«*. Und automatisch werden aus Wiegenkinderwünschen religiöse Wünsche: Möge das Kind ein Obdach über der Seele haben und einen Boden unter den Füßen, der es einmal tragen kann im Leben und im Sterben.
Ob sich diese Wünsche für das Kind nach einer festen Basis im Leben später einmal erfüllen – nach einem offenen Horizont, nach einem Glaubensbezug, der noch trägt, wenn alles wankt?
Die Voraussetzungen dafür sind schwieriger denn je. Heutige Eltern sind nicht mehr mit der gleichen Selbstverständlichkeit in einen Glauben hineingewachsen wie noch ihre eigenen Eltern. Sie sind heute zwar wieder neugieriger in Glaubensdingen, aber auch unsicherer. Sie wollen das Beste für ihre Kinder und haben die Ahnung, dass eine spirituelle Basis wichtig sein könnte, um das Leben gut zu meistern. Aber wie sollen sie das vermitteln? Ist Religion nicht Entfremdung? Zu Kreuze kriechen? Unterwerfung, Gehorsam, Fremdbestimmung, Unfreiheit, endloser Schuldkomplex? Wenn mein Kind aufrecht und stark für das Leben werden soll, dann soll ausgerechnet ein Gottesglaube dazu verhelfen?

Jeder Pfarrer und jede Pfarrerin erfährt, wie unsicher und wie aufgeschlossen zugleich Eltern heute in Sachen Glaubenserziehung sind. Beim Taufgespräch oder wenn die Frage nach der Konfirmation ansteht, dann begegnen sie Eltern, die in Glaubensdingen oft nicht weiter sind als ihre Kinder und für die das Glaubensabenteuer bestenfalls zusammen mit ihren Kindern selbst neu beginnt.
Kinder brauchen Religion! Der Titel dieses Buches, das aus einer Sendereihe der hr-Kirchenredaktion in hr2, dem Kulturradio des Hessischen Rundfunks, hervorgegangen ist, ist eine provozierende These. Aber eine These, die inzwischen erstaunlich wenig Widerspruch findet. Alle Beiträge der Sendereihe und dieses Buches haben eine Grundüberzeugung: Religiöse Erziehung ist eine elementare Lebenshilfe für Kinder. Sie konturiert und gestaltet das ohnehin vorhandene transzendente, spirituelle Bewusstsein von Kindern und schafft ein Weltbild, das nicht an den Grenzen des Sichtbaren endet. Die uralten Kulturtechniken der Stille und des Betens, die Rhythmisierung und Prägung des Alltags durch Rituale, die bewusste und liebevolle Gestaltung von besonderen Zeiten in Festen und Feiern prägen in die kindliche Welt die Signatur des Himmels ein. Es gibt etwas Größeres, das zunächst die Eltern mit repräsentieren, in dem ein Kind sich aber auch geborgen fühlen kann, wenn die Eltern nicht mehr da sind. Ein freundliches, aufbauendes Gottesbild ist allerdings Voraussetzung für solch eine religiöse Erziehung, die stark und aufrecht leben lässt: ein Gott, der das Leben der Kinder will, der Freude hat an ihrer Lebendigkeit, an allen ihren Kräften und Gaben. Und damit ein solcher Glaube nicht im Jugendalter als »Kinderglaube«

abgestreift wird, muss er schon bei Kindern den Fragen nach Tod, Krankheit und Leid standhalten. So werden Kinder stark und getragen, leichter und freudiger in ihr Leben mit all seinen Zumutungen hineinwachsen.

Und eine zweite Überzeugung teilen die Autoren dieses Bandes: Man soll mit der religiösen Erziehung nicht warten, bis Kinder einmal selbst über ihren Glauben entscheiden können. Natürlich müssen Kinder später einmal selber über ihren Glauben entscheiden! Aber das darf kein Grund sein, ihnen die religiöse Erziehung bis dahin zu verweigern. Wie soll einer später entscheiden, ob ihm der Glaube »schmeckt«, wenn er ihn vorher nie verkosten konnte? Kinder dürfen nicht um eine wichtige Ressource von Lebenskraft und Stärke betrogen werden. Wenn es stimmt, dass der Mensch »unheilbar religiös« ist, dann muss eine verantwortliche Erziehung auch diese Dimension so erschließen, dass Religion für einen jungen Menschen nicht »terra incognita«, »unbekanntes Land«, bleibt. Und damit kann man nicht früh genug beginnen. Glaube ist keine »Fünf-Minuten-Terrine«, keine Instant-Angelegenheit nach dem Motto »Umrühren – fertig!« Glaube braucht Wurzeln, muss wachsen, erschließt sich durch viele Erfahrungen hindurch in allen Altersstufen.

In neun Beiträgen entfalten unsere Autoren Zugänge zur religiösen Erziehung von Kindern. *Fulbert Steffensky* fordert Erwachsene heraus, mit ihrem Glauben für Kinder erkennbar zu sein und ihnen den »größeren Himmel«, unter den die Religion einen Menschen stellt, nicht zu verweigern. Um eine religiöse Erziehung, die nicht klein macht, sondern aufrecht und stark, die also Lebenshilfe ist, geht es in dem Beitrag von *Matthias Morgenroth*. *Renate Naber* führt mit vielen Beispielen in die Welt kindgemäßer und Heimat gebender Rituale ein. Was stellen sich Kinder eigentlich vor, wenn sie »Gott« sagen? *Barbara Leitner* zeigt die spannende Entwicklungsgeschichte der Gottesbilder auf, die in den Köpfen und Herzen der Kinder in den verschiedenen Alterstufen vor sich geht. *Michael Hollenbach* folgt den Kindern in die Kirche, wo inzwischen ganz neue Wege ausprobiert werden, um Kindern kirchliche Räume und kirchliche Praxis nahe zu bringen. In die Welt der biblischen Geschichten taucht *Angelika Schmidt-Biesalski* ein. Sie fragt, welche biblischen Geschichten den Kindern neue Horizonte öffnen. Und sie gibt wichtige Kriterien für gute Kinderbibeln. Mit den dunklen Seiten des Lebens und den Fragen nach Leid und Krankheit befasst sich *Andreas Malessa*. Wie lassen sich das Leid und die Rede vom »lieben Gott« zusammenbringen? *Margot Käßmann*, die hannoversche Landesbischöfin, begründet in ihrem Text, warum die Werteerziehung ein wichtiger Dienst der Kirchen an der Gesellschaft der Zukunft ist. Und schließlich erkundet *Doris Weber* die Lebenskunst der Kinder und erinnert uns an das Kind in uns allen, das Aufmerksamkeit und Liebe verdient.

Wir hoffen, dass das Buch Lust macht, mit den Kindern die Welt des Glaubens zu entdecken. Die Zeiten, als Gottesbilder vor allem Angst machten, sind inzwischen vorbei. Es gilt, mit Kindern zusammen einen menschenfreundlichen Gott zu entdecken, einen Begleiter für ein ganzes Leben, einen tragenden Grund im Leben und im Sterben.

Ostern 2006

Klaus Hofmeister
Lothar Bauerochse

Fulbert Steffensky

Allein sind wir klein

Aufwachsen unter einem größeren Himmel

In Erich Kästners Roman »Das Doppelte Lottchen« gibt es gegen Ende des Buches folgende Szene: Die Eltern der Zwillinge lebten getrennt. Der raffinierte Plan der beiden Mädchen hat sie wieder zusammengebracht. In einem Gespräch wollen die Eltern überlegen, ob sie dem Wunsch der Kinder folgen und zusammenbleiben können. Diese warten während des Gesprächs voller Angst und Hoffnung vor dem Zimmer, und eines sagt zum anderen: »Wenn wir jetzt doch beten könnten!« Aber es fällt ihnen kein Gebet mehr ein außer dem einen: »Komm, Herr Jesus, sei unser Gast und segne, was du uns bescheret hast!« Damit hatten sie noch eine letzte Erinnerung an das Gebet, an die große Sprache der Wünsche, die ausgreift bis ins Land des Gelingens und die in störrischem Trotz mehr verlangt, als die Gegenwart bietet.

Brauchen Kinder Religion? Zunächst wehre ich mich gegen diese Frage. Es gibt Dinge, die sich nicht durch ihre Zwecke rechtfertigen: die Lieder, die Gedichte, die Küsse, die Muße, das Gebet. Wer diese Dinge von ihren Zwecken her beschreibt, verdirbt sie. Ich kann niemanden mit Zweckabsichten küssen; ich kann nicht Gedichte lesen und Lieder singen mit anderen Absichten, als sie zu lesen und zu singen. Die köstlichsten Dinge sind nicht von ihren Zwecken her zu beschreiben.

Ich ärgere mich, wenn ich sehe, wie Christen ihre Religion von Zwecken her beschreiben; wenn sie sagen: wer glaubt, schläft besser; wer betet, hat besseren Stuhlgang oder weniger Depressionen; wer glaubt, kommt besser durchs Leben und seine Geschäfte gelingen. Jesus jedenfalls ist mit seinem Glauben nicht besser durchs Leben gekommen und andere große religiöse Figuren ebensowenig. Es kann schon sein, dass der Glaube und die Religion Folgen haben, aber ich kann sie nicht von diesen Folgen her beschreiben und wollen.

Die große Poesie der Gebete

So will ich also nicht zuerst fragen, *wozu* Kinder Religion brauchen. Ich benutze zunächst eine ästhetische Kategorie: Es ist schön, dass die Zwillinge im »Doppelten Lottchen« und dass meine Enkelkinder eine große poetische Sprache für ihre Wünsche und Befürchtungen haben. Ihre Gebete sind kein Mittel, etwas zu erreichen. Man weiß, und wir alle haben es schon schmerzhaft erfahren: Dafür sind Gebete ziemlich ungeeignet. Aber es ist schön, dass unsere Kinder ihr Leben bergen können in die großen Bilder des Glaubens, dass sie es bergen können in die Hände und den Schoß Gottes. Es ist schön, dass sie das Essen nicht anfangen, als sei das Brot eine pure Selbstverständlichkeit, sondern vorher ein Wort des Dankens sprechen. Auch nicht-religiöse Menschen spüren dies, und so ist vor dem Essen wenigstens noch geblieben das »Piep, piep, piep, wir haben uns alle lieb!« Aber – ehrlich gesagt – der Psalmvers vor dem Essen: »Aller Augen warten auf dich, Herr, du gibst ihnen Speise zur rechten Zeit« ist

mir doch noch etwas lieber und würdiger als piep-piep-piep.
Ganz werde ich der Frage, wozu die Religion unseren Kindern verhilft, nicht entkommen. Religion soll kein Erziehungsmittel sein. Dafür ist mir Religion und dazu sind mir die Kinder zu schade. Ich frage, wie der Glaube den Kindern leben hilft. Es ist eigentlich nicht anders als bei uns Erwachsenen. Kinder sind Menschen mit Ängsten und Wünschen. Angstlosigkeit und Lebensvertrauen müssen sie lernen, wie man alles erst lernen muss. Wir können nicht sagen: Warten wir mit der religiösen Erziehung, bis die Kinder 16 Jahre alt sind und sich selber entscheiden können! Kinder haben *jetzt* ihre Ängste, nicht erst wenn sie 16 sind. Warum sollten wir ihnen jetzt die Sprache vorenthalten, die sie tröstet und die ihre Ängste bannen kann? Kinder erleben, *jetzt* wie ihre Eltern sich trennen; sie sehen *jetzt* die Bilder des Krieges, die sie erschrecken. Sie erleben *jetzt*, wie Menschen um sie herum sterben. Warum sollten sie erst viele Jahre später von den Broten essen, die uns Erwachsene am Leben halten? Natürlich kann man verstehen, wenn Eltern den Glauben ablehnen und entschieden sagen: Ich werde mein Kind nicht religiös erziehen, weder wenn es klein ist noch wenn es älter ist. Dann aber soll man diese Frage nicht mit der vorgeschobenen Freiheit der Kinder verstellen.
Könnte es sein, dass wir unseren Kindern gerade dann die Freiheit des Glaubens und des Unglaubens verstellen, wenn wir sie vor der Einführung in die Schätze der Religion bewahren? Wie kann der ein Verhältnis zur Musik bekommen, von dem man sagt, er solle sie erst im späteren Alter kennen lernen, damit er sich frei ent-

scheiden könne, ob er Musik will und ob er lieber Mozart oder lieber John Cage will?

Diese Vorstellung geht davon aus, dass Erziehen heißt, Gewalt gewinnen und ausüben über die Herzen und Seelen von Geschöpfen, die sich nicht dagegen wehren können. Wenn wir die religiösen Erziehungstraditionen betrachten, ist dies ja nicht selten geschehen. Über diesen Missbrauch könnte man sich schnell verständigen. Aber er ist hier nicht Thema. Als Erwachsene werden wir unseren Kindern immer Lebensvorlagen anbieten, über die sie selber erst viel später entscheiden können. Auch nicht-religiöse Menschen bieten solche Vorlagen an. Wir entkommen dem nicht, und unsere Kinder brauchen sie. Kinder brauchen Menschen mit deutlichen Gesichtszügen und klaren Optionen. Sie brauchen Menschen, die sie mit hineinnehmen in ihren eigenen Lebensglauben, sei er religiös oder nicht.

An den Gesichtszügen der Erwachsenen lernen sie ihr eigenes Gesicht. Erwachsene sind in doppelter Weise Stellvertreter ihren Kindern gegenüber. Sie vertreten eine Lebenskonzeption vor ihren Kindern, obwohl diese den Kindern noch fremd ist und sie noch nicht zu ihrer eigenen geworden ist. Sie vertreten mit ihrem eigenen reiferen und erwachseneren Glauben ihre Kinder, die mit dem Glauben wie mit allem im Leben erst anfangen. Erwachsene sind die Vor-beter und Vorsprecher ihrer Kinder, wo diese noch unmündig sind; wo sie noch nicht selber Mund und Stimme haben. Auch wer nicht religiös ist und die Kinder nicht religiös erzieht, ist Vor-beter seiner Kinder. Er betet und spricht ihnen vor, dass Religion falsch oder überflüssig ist. Ob diese es wirklich ist, werden die Kinder selber entscheiden, wenn wir sie haben entscheidungsfähig werden lassen und wenn unsere Vorsprache nicht zum Diktat der Kinder geworden ist.

Erziehung als Zumutung von Andersheit

Die Frage ist nicht, ob wir unseren Kindern gegenüber deutlich sein sollen oder nicht; ob wir sie in unser eigenes Lebenskonzept einführen sollen oder nicht. Wir sollen es, wenn wir unsere Kinder nicht allein lassen wollen. Die Frage ist, ob wir dies gewaltfrei tun. Es geht nicht nur um äußere Gewalt. Man kann innere Gewalt ausüben ohne äußere Gewalt, und manchmal ist die innere Gewalt so schlimm wie die äußere. Was heißt gewaltfreie Deutlichkeit? Es heißt, den Kindern ohne Gewalt widerstehen mit dem eigenen Gesicht. Ihnen widerstehen: Wir sind anders als unsere Kinder, wenn wir denn selbst erwachsen geworden und nicht infantil geblieben sind; wenn wir gelernt haben, wer wir sind, was wir lieben und was zu uns gehört. Jede Erziehung ist liebevoller Widerstand; es ist die Zumutung unserer Andersheit den Kindern gegenüber.

Die alten Erziehungsvorstellungen waren voller gärtnerischer Bilder. Der Erzieher, ob Vater oder Lehrerin oder Pfarrer, ist der Gärtner, das Kind ist die Pflanze. Der Gärtner weiß, was die Pflanze braucht. Er sät, er jätet das Unkraut, er beschneidet, er hegt, er düngt, er sorgt dafür, dass die Pflanze gerade wächst. Er hat das Bild der Pflanze, und er weiß, wie sie werden soll. Die Eltern, die Lehrerinnen und die Pfarrer wussten, was Erziehung ist und wozu zu erziehen ist. Das Kind war die Pflanze, die sich selbst gegenüber blind war. Hören, Gehorchen waren die Aufgabe des

Kindes. Seine Freiheit konnte noch kaum gedacht werden. Freiheit und die eigene Entscheidung war eher Abfall und Abirrung vom einzig richtigen Weg. Ohne jene alten Zeiten zu verurteilen, muss man doch sehen, welche Gewaltmomente in jener Konzeption lag.

Es entstanden mit dem »Jahrhundert des Kindes«, das die schwedische Sozialreformerin Ellen Key 1900 propagierte, bis zur antiautoritären Erziehung andere, optimistischere Vorstellungen vom Kind und seiner Entwicklung. Wenn man schon in gärtnerischen Vorstellungen bleibt, könnte man sagen: Es entstand die Idee von der selbstwachsenden Saat. Wenn man die Anlagen des Kindes, die naturhaft gut sind, nicht stört, wird es zu sich selber wachsen. Das Kind und der junge Mensch wurden sich selber Ziel. Sie brauchten keinen Vormund, sie lernten die eigene Stimme, indem sie sprachen. Erziehungsziele, die von außen auferlegt waren, konnten die Kinder nur von sich selber entfremden. Gewaltlosigkeit und Zurücknahme ihrer selbst war die hohe Verpflichtung der Erwachsenen. Die Wahrheit dieser Konzeption: Das Kind wurde vom Objekt der Erziehung zum Subjekt und zum Organisator seiner selbst. Wir können hinter dieses Ideal der Gewaltlosigkeit nicht mehr zurück. Die Frage ist, ob wir, wenn wir die Kinder so sich selbst überlassen, sie nicht dem Schrecken ihrer eigenen Einsamkeit ausliefern. Man kann sich die Frage, wer man ist, woran man glauben und worauf man setzen soll, nicht selbst beantworten. »Allein bist du klein« ist nicht nur ein politischer Slogan, es ist in hohem Maß eine anthropologische Grundwahrheit. Man kann sich nicht selbst aus den eigenen Rippen schneiden. Man erfährt sich in Zu-

sammenhängen, oder man erfährt sich zusammenhanglos.
Ich erzähle eine Anekdote aus einem Seminar an der Hamburger Universität. Studierende berichteten von ihrer eigenen religiösen Erziehung. Die meisten empfanden sie gelungen, warm und menschenwürdig. Einige aber erzählten von der Enge ihrer Erziehung, von der Sexualfeindlichkeit, von den Gehorsamsdiktaten, denen sie ausgeliefert waren. Sie erzählten von religiösen Herkünften, denen sie nur kündigen konnten.
Es waren Studierende dabei, die überhaupt keine religiöse Erziehung erlebt hatten, und eine Studentin sagte zu den Klagenden: »Ihr habt es gut! Ihr könnt wenigstens noch irgendwo weggehen.« Was, wenn unsere Kinder so wenig die Gesichter und die Deutlichkeit der Erwachsenen erfahren, dass sie nicht einmal im Stande sind, deren Wege und deren Vorschläge auszuschlagen? Die Kinder brauchen Gewaltlosigkeit und Deutlichkeit. Sie finden ihre Wege, wenn sie sie mit den Wegen anderer vergleichen können. Sie finden ihr Gesicht, wenn sie die Gesichter von anderen wahrnehmen können. »Der Mensch entdeckt sich, wenn er sich an Widerständen misst«, schreibt Exupéry. Er entdeckt sich nicht, wenn er nur sich selber beschaut.
Ich erinnere mich an ein Erlebnis mit einem unserer Enkelkinder. Ich hatte vor einiger Zeit eine Freundin unserer Familie zu trauen, wozu auch die Enkel eingeladen waren. Während des Gottesdienstes sah ich, dass unser damals 15-jähriger Enkel in einem Buch las. Ich fragte ihn später, was er da gelesen habe. »Einen Krimi«, sagte er unbekümmert. Ich lächelte gequält, liberal und ergeben, und ich schwieg. Später fragte ich mich: Was tue ich eigentlich dem jungen Mann an,

wenn ich ihm meine Meinung vorenthalte. Ich sprach mit ihm und sagte: »Miguel, ich finde es feige und respektlos, wenn du während des Gottesdienstes einen Krimi liest. Respektlos: Du respektierst nicht, was anderen wichtig ist. Feige: Du wagst es nicht wegzubleiben, wenn dir dieser Gottesdienst nichts bedeutet.« Er sagte begütigend, er habe ja nicht während meiner Predigt gelesen. Das fand ich einen geringen Trost. An einem Abend kam er und sagte: »Opa, ich muss mit dir reden. Du hast mich feige und respektlos genannt. Es hat mich sehr getroffen, und du hast recht.« Dieses Gespräch hat uns einander sehr nahe gebracht. Was hätte ich ihm vorenthalten, wenn ich geschwiegen hätte! Wir sind unsern Kindern unser Gesicht schuldig. Es genügt nicht, dass wir in schwächlichem Harmoniebedürfnis jeden Konflikt ersticken. Vielleicht steckt ein Stück Todesangst darin, dass wir immer und unter allen Umständen von den Kindern geliebt werden wollen.

Kindern Religion nicht vorenthalten

Unsere Frage ist: Darf man Kinder religiös erziehen? Religiöse Menschen geraten, wenn diese Frage an sie gestellt wird, immer in Verteidigungszwänge. Ich möchte die Frage auch andersherum stellen: Darf man Kindern Religion vorenthalten? Denn auch die müssen wissen, was sie tun, und auch die stehen unter Begründungszwang, die ihre Kinder in einem religiösen Vakuum aufwachsen lassen. Auch für nicht-religiöse Menschen ist es nicht selbstverständlich, dass sie ihren Kindern Religion verschweigen oder dass sie diese für einen Irrtum erklären.

Die 1991 verstorbene italienische Sozialistin Natalia Ginzburg, die in keiner Weise religionsverdächtig ist, fragte sich, ob einer, der nicht an Gott glaubt, zu seinem Kind sagen kann: Gott gibt es nicht! Sie bezweifelt, dass der Atheist seine persönliche Überzeugung als universelle Gewissheit darstellen darf. Andere Überzeugungen, die weniger fundamental sind, könne der Atheist als zweifelsfrei darstellen, aber diese nicht. Und sie fährt fort: Erstens sind die Worte ›Gott gibt es nicht‹ für ein Kind äußerst beklemmende Worte. Zweitens können sie falsch sein. Auch andere persönliche Überzeugungen, die einer seinem Kind als universelle Gewissheit vorsetzt, können falsch sein, aber in anderen Fällen mag es nicht so wichtig sein, sich zu irren und das Falsche zu behaupten. Dagegen sind die Worte ›Gott gibt es nicht‹ unerbittlich; und wenn sie falsch sind, hat man etwas Unerbittliches und Falsches gesagt. ... Wie einer, der nicht glaubt, seinem Kind antworten kann, das ihn nach Gott fragt, weiß ich nicht. Das einzige, was mir sicher erscheint, ist, dass man die Worte ›Gott gibt es nicht‹ nicht sagen darf. Einer, der nicht glaubt, soll lieber antworten: Ich glaube, dass es Gott nicht gibt. Aber ich weiß es nicht. Andere denken, es gibt ihn. Die Wahrheit weiß keiner« (*Das imaginäre Leben*).

Es mag für viele die religiöse Erziehung ihrer Kinder nicht mehr selbstverständlich sein. Aber ebensowenig selbstverständlich ist die religiöse Ignoranz und Verwilderung, denen wir sie aussetzen.

Wie aber lehren wir die Sprache der großen Wünsche, der Träume und des Rechts, wenn der Glaube von uns Älteren und Alten selber seine Risse bekommen hat? Wir leben nicht mehr in den Zeiten der alten Sicherheiten und des unbezweifelten Wissens. Wir leben nicht mehr in Zeiten, in denen allen selbstverständlich war, was zu wissen und was zu überliefern ist. Wir leben nicht mehr in Zeiten, in denen es einen selbstverständlichen und allen geläufigen Kanon gab. Das aber gibt uns kein Recht zu schweigen.

Vielleicht ermutigt uns folgende Anekdote: Ich habe vor einiger Zeit eine ehemalige Theologiestudentin getroffen, die kurz vor ihrem Examen ihr Studium abgebrochen hat und aus der Kirche ausgetreten ist. Provokativ hat sie vor dem Seminar ihre theologischen Bücher verkauft mit der höhnischen Bemerkung, sie würde sicher keinen Blick mehr hineinwerfen. Nun traf ich sie, sie erzählte dies und das, und fast beschämt sagte sie, sie würde mit ihren Kindern beten und ihnen biblische Geschichten erzählen. »Meine Kinder brauchen mehr als Kleidung und Nahrung«, sagte sie. »Ich weiß nicht, ob ich selber glaube, aber ich lehre sie beten.«

Ich bewundere die Demut dieser Frau, die ihre eigene Glaubenskargheit nicht zum Maßstab für das machte, was sie ihren Kindern erzählt. Der Hunger der Kinder öffnet ihr den Mund für das, was sie selber kaum sagen kann. Der Hunger der Kinder baut an ihrer Sprachfähigkeit. Sie lernt den Glauben, indem sie vom Glauben erzählt. Was soll daran falsch sein? Sie lässt ihre Kinder nicht an dem mageren Arm ihrer eigenen Redlichkeit verhungern. So wünsche ich mir Eltern, Pfarrerinnen und Lehrer: Sie sollen weiter springen, als sie können. Man kann etwas lehren und erzählen, weil man es kann und liebt. Man kann etwas lehren und erzählen, weil man etwas vermisst und daran leidet, dass man es vermisst. Erst wer nichts mehr vermisst, kann nichts mehr lehren.

Den großen Bruch mit den Traditionen haben wir Alten vollzogen und erlitten. Aber wir leben noch von den Bildern, der Lebensauffassung und der Moral jener Überlieferungen. Unsere Kinder werden sie nicht mehr kennen, wenn wir stumm bleiben und uns bescheiden in der eigenen Sprachlosigkeit. Unsere Kinder brauchen Lehrer und Lehrerinnen, an unwissenden Meistern können sie sich nicht bilden.
Die andere Frage ist, ob unsere Kinder den religiösen Überlieferungen trauen können, wenn die Welten unreligiös geworden sind. Die Menschen waren in traditionalen Zeiten wohl nicht religiöser, als sie es heute sind. Aber die Welten waren religiös. Menschen waren von Religion umgeben, ob sie es wollten oder nicht. Die Zeiten waren religiös pointiert. Es gab die für alle verbindliche Adventszeit, in der man nicht tanzen ging und in der man nicht heiraten sollte. Es gab die Fastenzeit, die sich mit ihrer größeren Kargheit von anderen Zeiten unterschied. Die Häuser hatten oft religiöse Signaturen. Man hat das Datum der Erbauung eingemeißelt und den Psalmspruch: »Wenn der Herr das Haus nicht erbaut, bauen die Bauleute vergebens.« Auf dem Feuerwehrhaus stand geschrieben: »Gott zur Ehr – dem Nächsten zur Wehr!« Es gab das Angelusläuten und den Brauch, zu jenem Läuten zu beten. Es gab Personen, deren religiöse Zugehörigkeit von weitem sichtbar war – den Pfarrer mit seinem Kollar und die Religionslehrerin mit ihrem Dutt, dem Gebetsknopf, wie wir diese Frisur nannten.
Religion war nicht nur im Herzen verankert, sie lag auch draußen – in den heiligen Zeiten, Personen, Orten und Bräuchen. Diese christlichen Formenwelten verblassen, übrigens weniger die nicht-christlichen re-

ligiösen Welten. Diese christlichen Welten sind nicht mehr Mode. Das ist für unsere Kinder und Jugendlichen Erschwerung und Befreiung zugleich. Befreiung: Die Tradition liegt nicht mehr über ihnen wie ein Bann, dem man sich beugen muss. Erschwerung: Sie lernen Religion nicht mehr als eine selbstverständliche Form des Lebens. Normalerweise hört man die fatalistische These: Wo Traditionen verloren sind, sind sie nicht mehr herstellbar. Traditionsbruch ist Abbruch!

Traditionsabbruch macht neugierig

Ich möchte eine Gegenthese wagen: Traditionsbruch macht neugierig auf Traditionen. Der Bruch ist ja nicht nur Abbruch heiler religiöser Welten, es ist auch der Abbruch von allerlei religiöser Fragwürdigkeit. Wir sehen plötzlich, wie junge Menschen sich Traditionen zuwenden, die nie in ihrem Horizont lagen. Man könnte beinahe sagen: Je fremder sie sind, umso mehr Interesse wecken sie. So singen junge Menschen Taizé-Lieder, und Paul Gerhard verschweigen sie. Protestanten reden viel von der Beichte, die meisten Katholiken schütteln sich immer noch davor. Bei Projekttagen in den Schulen sind Hamburger Jugendliche leicht in katholische Klöster zu kriegen, die doch weiß Gott nicht in ihrer Tradition lagen.

Ich erinnere mich an einen Besuch in einer Hamburger Schule, wo ich die Bemerkung eines Schülers hörte: »Jetzt ist mal Schluss mit dem Sexualitätsgezeugs im Religionsunterricht, wir wollen was von der Bibel hören.« Natürlich kann man sagen: So reagieren nicht alle! Aber haben denn früher alle Kinder und Jugendliche positiv auf jene Tradition reagiert? Ich erinnere mich daran, wie langweilig wir in jener alten religiösen Welt den Religionsunterricht und die Schulandachten gefunden haben. Vielleicht ist der Glaube wirklich noch zu schwer für Jugendliche. Vielleicht braucht man dazu doch mehr Lebensniederlagen und Lebensglück. Könnte es sein, dass die These, Religion sei nicht gefragt nach den Zeiten der großen Brüche, eine Schutzbehauptung von uns Erwachsenen ist, die uns erlaubt, in der eigenen bequemen Undeutlichkeit zu verharren?

Es könnte sein, dass unsere Jugendlichen lange Umwege über die Esoterik, über Buddhismus oder über den indianischen Guru machen. Lasst sie gehen! Sie müssen nicht an unserem Wesen genesen, und das Recht auf Umwege können wir ihnen nicht nehmen, nicht einmal das Recht auf Irrwege. Je deutlicher wir als Eltern, Lehrerinnen und Pfarrer sind, umso mehr Urteil gewinnen sie und umso ungefährlicher werden ihre anderen Wege. Sie wachsen an dem Widerstand, den wir ihnen bieten. Sie erkennen sich an unserer eigenen Andersheit.

»Wenn dein Kind dich morgen fragt ...« war die Losung des Evangelischen Kirchentags 2005 in Hannover. Sie ist der großen Mose-Rede aus dem Deuteronomium entnommen. »Wenn dich dein Kind morgen fragen wird: Was sind das für Ermahnungen, Gebote und Rechte, die euch der Herr, unser Gott, geboten hat?« Und woran sollen die Gefragten ihre Kinder erinnern? Zunächst nicht an Aufgaben und Moralen, sondern an eine große Freiheitsgeschichte: »So sollst du deinem Kind sagen: Wir waren Knechte des Pharao in Ägypten, und der Herr führte uns aus Ägypten mit starker

Hand.« Wir sind unseren Kindern die Geschichten der Freiheit und der Rettung des Lebens schuldig. Die Moral folgt dann von selbst.

Literaturempfehlungen

M. Käßmann: Wurzeln, die uns Flügel schenken. Glaubensreisen zwischen Himmel und Erde, Gütersloh 2005
(Eine leicht verständliche Einführung in die Grundwahrheiten und in die Praxis des Glaubens als Vergewisserung für alle, die mit Kindern umgehen)

A. Biesinger: Kinder nicht um Gott betrügen. Anstiftungen für Mütter und Väter, Freiburg 2000
(Ermutigende Beispiele religiöser Erziehung)

R. Tschirch: Gott für Kinder, Gütersloh 2000
(Eine eher grundsätzliche Überlegung zur Religion der Kinder und zur Notwendigkeit religiöser Erziehung)

Matthias Morgenroth

Gott kann ich alles erzählen

Religiöse Erziehung als Lebenshilfe

»Ich hatte mit dem Thema Religion überhaupt nichts am Hut«, sagt Kirsten. Sie ist Mutter von vier Kindern. »Ich bin eine versaute Katholikin, und bin erst durch meinen Mann wieder an den Glauben herangekommen. Das ging bei mir in der Kindheit los, dass ich durch den Religionsunterricht sehr verunsichert worden bin. Meine Mutter ist gestorben, und da wurde mir erklärt, dass unser wirklicher Vater im Himmel oben ist. Und ich bin nach Hause und habe gesagt: ›Was, mein wirklicher Papa ist nicht mein Papa?!‹ Also, es war ganz extrem. Und dann ging's weiter, als eines meiner Kinder gestorben ist. Der Pfarrer wollte ihn nicht kirchlich beerdigen, weil er nicht getauft war. Das waren für mich so Punkte, an denen ich gesagt hab: Jetzt reicht's mir! Das hat aber nichts mit meiner Beziehung zu Gott zu tun. Mit Gott bin ich sehr im Reinen. Aber eben beim Thema Kirche war ich sehr im Unreinen.« Kirsten hat sich nun der evangelischen Kirche zugewandt, die sie durch ihren Mann kennen gelernt hat. Die Kinder haben den Anstoß gegeben, sich wieder mit Religion zu beschäftigen. Beten? Geschichten erzählen? In die Kirche gehen? Manche alte Gottesbilder abschütteln? »Die Kinder stellen Fragen, wobei ich sagen muss, das kommt im Schulalter erst so richtig raus. Ich sehe es jetzt bei meiner Kleinen: Wir beten jeden Abend. Und da ist für sie ganz wichtig, dass wir dem lieben Gott alles erzählen, was sie be-

drückt, was sie nicht bedrückt, was ihre Freunde betrifft – einfach alles. Und so ist es selbstverständlich, dass er mit uns im Haus lebt.«

»Die Situation von jungen Eltern ist, dass sie sich selbst religiös *neu* orientieren müssen, weil die Einbindung in einen festen religiösen Rahmen – jeden Sonntag in den Gottesdienst gehen, die Feste im Jahreskreis, der Kontakt zu einer konkreten Kirchengemeinde – für viele Eltern nicht mehr der Fall ist«, so Albert Biesinger, Tübinger Religionspädagoge. Sein Stichwort: Eltern sollen Kinder nicht um Gott betrügen. »Kinder sind religiöse Menschen von innen heraus. Sie suchen immer nach dem tieferen Grund: Warum gibt es mich denn überhaupt? Ist es ein Zufall, dass ich auf der Welt bin? Und wo ist der tote Opa? Für manche Eltern ist es schon schwierig; sie sagen: Hilfe, mein Kind ist fromm! Kinder sind vielleicht noch nicht so lange weg von Gott, deswegen stellen sie auch so intensive religiöse Fragen.«

Neue Hinwendung zur Religion

Albert Biesinger weiß: Viele Eltern haben in der eigenen Kindheit schlechte Erfahrungen mit alten, überkommenen Gottesbildern gemacht, die »versaute Katholikin« Kirsten ist kein Einzelfall. Aber er beobachtet bei jungen Eltern zugleich eine neue Hinwendung zur Religion. »Vor fünfzehn Jahren hab ich's oft mit Eltern zu tun gehabt, die gesagt haben: Bleib mir weg mit der Kirche, ich habe schlechte Erfahrungen gemacht mit meiner eigenen religiösen Erziehung!« Heute schlägt das Pendel eher wieder zurück, sodass viele Eltern merken: Die Kinder stellen dauernd religiöse Fragen, und die Kinder lassen sich da auch nicht so vorschnell ruhigstellen. Ganz ohne Gott geht's auch nicht.

Doch viele Eltern sind verunsichert, erzählt Albert Biesinger. Wenn die Selbstverständlichkeit des eigenen Glaubens nicht mehr gegeben ist, wenn Kinder nicht ganz automatisch mit in den Sonntagsgottesdienst gehen, weil fast niemand mehr am Sonntag in die Kirche geht – wie können Kinder religiös aufwachsen? Was heißt überhaupt »religiöse Erziehung«? Was, wenn Kinder einfach um Gott betrogen werden, weil die Eltern selbst bei den Themen Religion, Christentum und Kirche so unsicher sind, dass sie sich lieber überhaupt nicht auf »Glaubensdinge« einlassen?

An dieser Stelle wird Albert Biesinger leidenschaftlich. In vielen Büchern, Vorträgen und Gesprächen erzählt er immer wieder davon, dass manche Kinder regelrechte religiöse Entbehrungen erleben und diese auch in Worte fassen: »Eine Mutter sagte mir: Komisch, unsere Tochter, neun Jahre, sagte: ›Ich will zu Ostern, Weihnachten und Geburtstag nichts geschenkt, wenn ich nur katholisch werden darf.‹ Das hätte ich ja als Kind nie gesagt! Aber es war so, dass diese Mutter die Theorie hatte: ›Was Religion betrifft, da müsst ihr euch später selbst entscheiden! Ihr geht nicht in die Kirche! Ihr geht auch in keine Jugendgruppe!‹ Und die Kinder waren dann so sauer, dass alle anderen Kinder um sie herum da hin durften und sie selber eben nicht.«

Albert Biesinger will Eltern die Angst nehmen, mit Kindern religiöse Fragen zu besprechen. Nicht Kinder, Eltern brauchen Religionsunterricht, meint er und arbeitet in vielen Beispielen an einer »Elternschule« für religiöse Fragen. Denn viele Eltern überlegen, wie sie mit ihrem Kind beten können. Oder wie sie mit ihrem Kind Abendrituale gestalten. Oder Geschichten aus der Bibel erzählen können. Aber immer wieder, erzählt Albert Biesinger, kommt die Frage der verunsicherten Eltern: »Wie soll's konkret gehen?« Seine Antwort auf diese Frage: »Lassen Sie die Luft raus und bleiben Sie cool. Sie machen es so, wie sie können.«

Das sei für viele Eltern wirklich entlastend. Man muss nicht auf alle Fragen eine Antwort haben! Manchmal sei es sogar wichtiger, keine Antwort parat zu haben, meint Biesinger. Dann sind Eltern einfach als »religiöser Reibebaum« oder als »religiöser Gesprächspartner« mit dem Kind im Dialog.

»Ich habe das auch mit meiner eigenen Mutter erlebt«, erinnert sich Biesinger. »Sie hat oft gesagt: ›Du, das weiß ich auch nicht!‹ – aber ich hab immerhin eine Mutter gehabt, mit der ich über Glauben reden konnte. Auch wenn sie mir mehr als 50 Prozent der Fragen nicht beantworten konnte, hat mich das aber trotzdem weitergebracht, dass sie eben mitgedacht hat.«

Wenn Religion heute, wie es in der Religionssoziologie heißt, »individualisierte« und »privatisierte« Religion ist, wenn also keiner einfach mehr so herunterbeten will, was der Katechismus sagt, sondern selbstbestimmt denken, glauben und Inhalt und Form seiner Religiosität auswählen will, dann stehen junge Eltern vor einer großen Aufgabe: Sie müssen selbst so etwas sein wie kleine Theologinnen und Theologen. Sie stehen vor der Frage: Welche Teile der christlichen Überlieferung machen für mich noch Sinn? Sie müssen sich in der Bibel auskennen, wofür doch selbst

Theologiestudenten Bibelkunde-Kurse besuchen! Und wie ist das gleich mit der »Wahrheit« der biblischen Geschichten – man weiß doch, dass vieles, vielleicht das Meiste der Geschichten »unhistorisch« ist?!

Eltern als »kleine Theologen«?

Albert Biesinger rät auch in diesem Fall dazu, ganz locker zu bleiben. Auch wenn viele Eltern gerade in Bezug auf die Bibel denken, dass sie für diese Geschichten nicht »fromm« oder »kompetent« genug seien, auch wenn viele von sich sagen, dass sie an die biblischen Geschichten ja gar nicht richtig glauben und sie deswegen auch gar nicht richtig »rüberbringen« können – vielleicht wirken die Geschichten der Bibel auch ohne Zutun der Eltern! Und sofort hat der vielgereiste Pädagoge wieder eine Anekdote bereit:
»In der Akademie Freiburg im Breisgau ist mir folgendes passiert: Ich war zu dem Thema ›Kinder nicht um Gott betrügen‹ unterwegs. Es war ein voller Saal mit guter Diskussion. An der Stelle, an der ich sagte: ›Kinder brauchen biblische Geschichten!‹, unterbricht eine junge Mutter den Vortrag. ›Herr Biesinger, es ist ja schon recht, wenn Sie sagen, Kinder brauchen biblische Geschichten – aber was, wenn ich selbst die Geschichten gar nicht glauben kann? Dann merkt meine Tochter das doch, also lass ich das lieber!‹ Und bevor ich der Frau etwas sagen konnte, stand eine 75jährige Psychotherapeutin auf und sagte: ›Machen Sie sich keine Sorgen! Die biblischen Geschichten wirken auch ohne Sie!‹ Das war ganz entlastend für diese Mutter. Und es stimmt ja auch: Die Kinder machen etwas mit

biblischen Geschichten, die biblischen Geschichten machen etwas mit den Kindern. Von daher gesehen muss man sich auch gar nicht so viel Gedanken machen. Die Kinder brauchen ja nur einen Begleitschutz, einen Engel am Wege, der ihnen diese Welt der Religion und der Bibel öffnet, mit Geschichten, Ritualen, Liturgie. Von daher gesehen ist es auch oft so, dass die Kinder die Priester ihrer Eltern sind, die Engel ihrer Eltern, weil sie bei den Eltern wieder etwas locker machen, was bei ihnen für Jahrzehnte vielleicht schon festgefahren war, auch im Blick auf die Beziehung mit Gott.«

Gott sei Dank, fügt Albert Biesinger hinzu, ist die Zeit der angstmachenden Gottesbilder vorbei. Angstmachende Gottesbilder sind für ihn absolut verboten. Viele religiös »versaute« Eltern und Großeltern arbeiten ein Leben lang daran, eine gesunde, neue, lebendige und lebensförderliche Gottesbeziehung zu erfahren. Daran soll man die Kinder teilhaben lassen, meint Albert Biesinger und das ist ihm auch ganz persönlich wichtig, weil auch er eine sehr strenge religiöse Erziehung mitbekommen hat. Seither weiß er: Es kann nicht gut sein, Kindern Angst vor Gott zu machen.

Und er hält es auch als Religionspädagoge an der Uni Tübingen für streng verboten, dass seine Studierenden Gott als Erziehungshilfe, als Druckmacher missbrauchen. »Im Neuen Testament gibt es eine einzige Stelle, wo Kinder zu Jesus gebracht wurden (›lasst die Kinder zu mir kommen ...‹), da nahm er die Kinder auf seine Arme und segnete sie. Das ist die Beziehungsqualität von Jesus und den Kindern. Da wird nie davon gesprochen, dass Jesus Kindern Angst vor Gott gemacht hätte. Ich merke, dass das zum Glück auch in der ka-

tholischen Kirche nachgelassen hat – und ich sage den Eltern: kein Richter-Gottesbild!«
Und auch kein Buchhalter-Gott, bitteschön, kein Gott, der aufpasst und nur wartet, bis du einen Fehler machst. Und auch kein Leistungs-Gott, dem du es nie recht genug machen kannst. Und auch kein Todes-Gott, nach dem Motto ›Gott bringt den Tod und deswegen müssen wir dauernd Angst vor ihm haben‹.

Positive Bilder von Gott

Die Aufgabe der Theologen, Religionspädagogen und vor allem die Aufgabe aller Gläubigen ist für Albert Biesinger, positive, gute, zeitgemäße Gottesbilder zu entwickeln. »Die positiven Gottesbilder sind für mich: Gott ist wie ein guter Hirte, er begleitet die Menschen durchs Leben und ermöglicht ihnen, dass sie zu einem inneren Lebenssinn, inneren Lebensglück kommen. Dann das nächste: Gott ist kein Mann. Auch wenn wir zu Gott ›Vater‹ sagen, heißt es nicht, dass Gott ein Mann ist, wie wir uns einen Mann vorstellen. Denn wenn Gott wirklich die Menschen erschaffen hat als Mann und als Frau, muss er über der Polarität von Mann und Frau stehen. Und ein ganz wichtiges Gottesbild, das – wie ich auch schon selber erlebt habe – helfen kann: Du kannst Gott klagen, ihn anklagen, wie Hiob.«
Biesinger erzählt ein Beispiel von seiner Tochter; die war damals ungefähr fünf Jahre alt. »Da sagte ich zu ihr am Abend: ›Was war denn heute schön, was war nicht so schön?‹ Dann sagt sie ganz spontan: ›Lieber Gott, heute war es gar nicht schön. Der Moritz hat mich ge-

haut. Dann hab ich ihn auch gehaut. Schlaf gut, lieber Gott.‹ – Das war für mich so ein Beispiel, wie ein Kind lernen kann, Gott zu sagen, wenn's nicht so toll lief heute.« Diese Tochter hatte später, als sie achtzehn war, eine schwere Krebserkrankung. »Auf der Intensivstation haben sie uns gesagt: ›Verabschieden Sie sich von Ihrer Tochter, sie lebt noch zwei Stunden!‹ Ich habe diese nächsten zwei Stunden mit meiner Frau und unseren andern Kindern in diesem Vorzimmer der Intensivstation mit Gott geredet, wie ich noch nie in meinem Leben mit Gott geredet habe! Ich habe ihm geklagt, ich hab ihm gesagt: ›Was denkst du dir denn eigentlich? Denkst du dir überhaupt was? Du wirst sie nicht sterben lassen!‹ Und so weiter. Meine Tochter ist heute gesund, aber in der Situation wusste ich das ja nicht. Ich hatte ja nur diese Botschaft von dieser Oberärztin, die sagte, wir tun unser Bestes, aber das sieht ganz schlecht aus.« Also: Es ist auch eine Kompetenz für unser Leben, wenn Kinder lernen, sich direkt an Gott zu wenden, direkt mit Gott zu kommunizieren und vor allem lernen, ihm direkt zu sagen, wenn sie in Not und in Leid sind. Es gibt viele klagende Kinder, die am Abend Gott sagen: Warum ist mein Papa weggegangen? Und es gibt viele klagende Kinder, die sagen: Warum ist meine Mama so schwer krank? Und dann haben diese Kinder wenigstens noch einen Ansprechpartner, mit dem sie noch einmal anders verhandeln können, wenn es schon keine Lösung des Problems gibt. Dann haben sie wenigstens noch diese Vertrauensperson.

»Ich finde schon, dass Kinder Religion brauchen. Das ist nicht nur in der Kindheit, sondern auch später wichtig, dass sie einen Halt haben«, sagt Birgül. Sie hat drei

Kinder. »Ich bin Moslem, ich lebe in einer Mischehe, mein Mann ist ehemaliger Katholik. Mein Mann hat gesagt, dass er seine Religion nicht so richtig hat ausleben können und deswegen hat er es mir überlassen, dass ich unsere Kinder muslimisch erziehe. Ich habe als Hintergrund meine Eltern, die mir dabei helfen. Denn dadurch, dass ich hier in Deutschland aufgewachsen bin, kann ich den Koran nicht wie ein richtiger Araber übersetzen – ich kann zwar arabisch lesen, aber nicht übersetzen, was das wirklich wortwörtlich heißt. Mir ist wichtig, dass meine Kinder generell den Islam kennen lernen.«

Birgül hat ihre Kinder in einen evangelischen Kindergarten gegeben. »Für mich ist wichtig, dass die Kinder einfach lernen: Was ist Religion? Was gibt es für Religionen und wie sind sie entstanden? Zum Beispiel Jesus und Mohammed, was sind da die Unterschiede? Meine Tochter hat gestern gefragt: Gott hat doch zwei Menschen als erstes erschaffen, Adam und Eva – wie heißen sie auf türkisch? Sie merkt schon langsam den Unterschied, ja, aber auch, dass es ähnliche Geschichten sind, die zehn Gebote sind ja auch gleich. Ich find's gut, dass sie das Christentum im Kindergarten kennen lernen. Mein Kind weiß, wir feiern kein Weihnachten, wir haben keinen Weihnachtsbaum. Ich erkläre auch meinen Kindern, dass das die Christen haben und warum und wieso, und dass bei uns eben nicht Jesu Geburt gefeiert wird, sondern die Geburt Mohammeds. Als ich Kind war, habe ich immer gewünscht, dass mir das mal jemand erklärt. Von Weihnachten wusste ich nur: Da gibt's Geschenke, aber nicht, dass die Geburt Jesu gefeiert wird.«

Ob sie irgendwelche Berührungsängste hat? Gibt es für

sie eine Grenze, etwas, was ihre Kinder im evangelischen Kindergarten nicht mitmachen dürfen? Beten? Christliche Lieder singen? »Also, im Kindergarten habe ich nichts gegen das Beten. Aber ich habe etwas dagegen, wenn meine Kinder stundenlang in der Kirche sitzen. Ich möchte ihnen ja meinen Teil beibringen und die Kinder kommen dann durcheinander, wenn sie dann sonntags in der Kirche beten und an einem anderen Tag in die Moschee, das passt nicht. Der Kindergarten hat Verständnis dafür. Sie wissen auch, dass meine Kinder kein Schweinefleisch essen dürfen und halten sich daran.«

Ein Kindergarten in einem typischen Münchner Vorort. Ringsum große graue Wohnklötze, dicht an dicht mit Doppelhaushälften. Es ist ein evangelischer Kindergarten, gleich neben der Kirche; ein freundlicher, offener Bau aus den 70er Jahren. Die Kinder trudeln ein. Manche Mütter stehen bei einer Tasse Kaffee an Stehtischen im großzügigen Foyer und ratschen. Kindergeschrei in der Luft. Einige spielen gleich los. Andere kämpfen mit ihren Schuhen. Klingeling! Herr Ziegler, einer der Erzieher, schlägt an eine Triangel, seine Gruppe kommt zu ihm. »Wir machen jetzt unsere Begrüßungsrunde«, ruft er, »helft alle mit! Stellt bitte die Tische zur Seite!« Eifrig schieben die Kinder die Tische von links nach rechts und wieder zurück, bis in der Mitte des Raums Platz für den Morgenkreis ist. Alle sitzen. Geben sich die Hände. Dann beginnt Herr Ziegler, er wendet sich zu dem Mädchen neben ihm und sagt: »Guten Morgen, Scarlett, schön dass du da bist!« »Danke«, antwortet Scarlett, wendet sich zu ihrer Nachbarin und sagt: »Guten Morgen, Victoria,

schön, dass du da bist!« »Danke«, sagt Victoria, und so geht es weiter, bis Sophie, Simon, Alina, David, Igor, Arthur und all die andern sich begrüßt haben und schließlich Moritz sagt: »Guten Morgen, Herr Ziegler, schön dass du da bist.«
In der Kindergartengruppe im Nachbarzimmer wird im Morgenkreis gesungen. »Ja, Gott hat alle Kinder lieb, jedes Kind in jedem Land, er kennt alle unsre Namen, alle unsre Namen, hält uns alle, alle in der Hand.«
Claudia Wagner, die Gruppenleiterin, ist seit 22 Jahren Erzieherin. Für sie ist es wichtig, in einer christlichen Einrichtung zu arbeiten. Es macht ihr Spaß, mit Kindern Glauben zu leben. »Da gibt's sehr viele Möglichkeiten, weil Kinder sehr offen sind für den Glauben, für Lieder, für Gebete, für Gespräche. Das ganze Leben hat ja mit der Religion zu tun, mit der Wertschätzung des Miteinanders. Es gibt ganz alltägliche Situationen, in denen wir zeigen, wie wir miteinander gut umgehen können. Und es gibt ganz gezielte Angebote mit religiösen Einheiten. Dann gibt's ganz viele Lieder, das Mittagsgebet, bei dem wir das Essen wertschätzen wollen. Da haben wir ganz feste Gebete, die die Kinder auch kennen. Oder freies Gebet, bei denen sich die Kinder vor dem Mittagessen überlegen, für was danke ich heute Gott, für was bitte ich heute Gott. Was auch mal in den Morgenkreis hineinkommt.«
Claudia Wagner hat auf dem Land angefangen zu arbeiten. Dort waren die Kinder natürlich sehr mit der kirchlichen Tradition verbunden, erzählt sie. In der Stadt beschränkt sich das religiöse Wissen vieler Familien gerade mal auf Weihnachten. »Traditionsabbruch« heißt das Phänomen in der Wissenschaft. Dafür kommt in der Stadt ein ganz neues religiöses Wissen

dazu – interreligiöses Wissen: »Wir haben natürlich in der Stadt mehr das Multikulturelle«, sagt die Erzieherin. Und das sei eben wieder sehr interessant für die Kinder. Dass es verschiedene Religionen gibt. Dass es auch Muslime gibt, bei denen Gott dann Allah heißt. Dass es auch andere, nichtchristliche Feste gibt. Und dass auch Gemeinsamkeiten zwischen den Religionen existieren. »In der Stadt bekommen die Kinder heute ganz andere Grundlagen mit«, sagt Claudia Wagner, »und das ist für mich das Schöne, diese Offenheit schon in der Kindergartenzeit zu wecken. Dass es sein kann, dass mein Freund eine andere Religion hat, aber trotzdem mein Freund ist.«

»In meinem eigenen Leben spielt Religion zwar keine große Rolle mehr, aber ich weiß, dass Religion mir in der Kindheit ein sehr sicheres Gefühl gegeben hat.« Ulrike, sie hat zwei Kinder. »Und das möchte ich meinen Kindern auch gern weitervermitteln. Heutzutage, wenn ich mit Eltern oder mit Gleichaltrigen spreche, wird gesagt: Nee, Kirche, Religion, das braucht man gar nicht, das interessiert nicht, die Kinder können sich ja mal selbst entscheiden, wenn sie alt genug sind, ob sie das wollen mit Kirche und Religion! Aber ich denke, für das Gefühl, von klein an in einer Gemeinschaft aufzuwachsen, kann man sich nicht erst mit fünfzehn entscheiden, das Gefühl dafür kriegt man ja gar nicht mehr.«
Auch ihre Kinder stellen viele religiöse Fragen. »Zum Beispiel: Warum wurde Jesus Christus getötet? Dann geht die Frage weiter: Warum sterben wir? Was ist nach dem Leben? Ist da noch was? Warum werden wir geboren? Da bin ich auch manchmal sehr ratlos und sehr

froh, dass es den Kindergarten gibt, wo ich auch mal nachfragen kann. Ich hab mir vorher gar nicht solche Gedanken gemacht, wie sie sich der Jakob macht. Da müsste ich ja in Philosophien ausweichen, aber die Antworten kommen mir so schnell gar nicht, wenn ich abends vor dem Einschlafen gefragt werde.«

»Die ersten Jahre sind die Jahre, wo die Kinder noch am intensivsten religiöse Bindungen brauchen«, sagt Frieder Harz, evangelischer Professor für Religionspädagogik in Nürnberg. Er sitzt in seinem Wohnzimmer in Berg am Starnberger See. An der Wand ein Engel. Im Regal Bilder seiner Familie.
Eltern, die meinen, ihre Kinder könnten sich »irgendwann später« mal für Religion entscheiden, gibt er folgende Antwort: »Die Zeit der Schmusetiere fängt gleich nach der Geburt an. Wenn ich jetzt sagen würde: ›Jetzt tun wir die mal weg und wenn du mal groß bist, dann kannst du entscheiden, welches Kuscheltier du willst!‹ – Nein! Das funktioniert nicht. Man braucht das Kuscheltier und dann begleitet es mich. Und das Erstaunliche ist ja: die Kinder wählen selber ihr Kuscheltier. Die Kinderzimmer sind oft überfüllt mit Plüsch, und die Kinder wählen eines oder zwei aus und das ist es dann! Das sind eigene Entscheidungen der Kinder. Und ich glaube, dass in diesem Sinn Kinder auch von klein auf religiöse Angebote ganz bewusst mit der eigenen Entscheidung belegen. Was sie mitvollziehen und was nicht. Ob sie mitbeten wollen oder nicht. Solche religiöse Erziehung bereitet die eigene Entscheidung vor. Und in kleinen Schritten lernen die Kinder, dass sie später mal eine Entscheidung treffen.«

Frieder Harz weiß, dass der Vergleich von Gott und Kuscheltier gefährlich ist. Denn eine Kuscheltheologie und eine Kuschelpädagogik möchte er nicht. Aber natürlich auch nicht eine strenge, angstbesetzte Theologie. »Jetzt nehme ich noch mal das Kuscheltier als Beispiel. Kinder müssen frühzeitig lernen: Das Kuscheltier tut mir gut, aber ich kann mich nicht darauf versteifen, dass es mir *immer* gut gehen wird. Religion ist also Begleitung in dem Sinn: ›Da steht mir jemand zur Seite, es kommt vielleicht Schwieriges, auch Unverständliches, aber ich bin nicht allein‹. Das wäre für mich der Unterschied. Das Kuscheltier kann entarten, dann ist es ein Maskottchen und so etwas wie eine Garantieerklärung – das wäre für mich die Fehlentwicklung. Aber wenn es etwas ist, das mich an etwas erinnert, was mir Rückhalt gibt – wunderbar! Denn dabei weiß ich immer auch, es bewahrt mich nicht vor Herausforderungen, Gefahren, Bedrohungen, Unfall und Krankheit – aber es gibt mir so etwas wie die Zusage: ›Du kannst es auch durchstehen.‹ Das wäre für mich die Richtung.«

Begleitung und Vielfalt

Diese theologischen Überlegungen treffen sich mit dem, was viele Eltern heute von Kirche erwarten, sagt der evangelische Religionspädagoge. Die Institution Kirche werde nur dann sehr kritisch wahrgenommen, wenn sie den Menschen althergebrachte Glaubensformen und Glaubensinhalte einfach überstülpen will. Auch formal habe sich etwas geändert: Pflichtveranstaltungen sind out. Der Kindergottesdienst am Sonn-

tagmorgen ist zum Beispiel so eine Form, die nicht mehr funktioniert, weil der Sonntag der Tag der Familie ist und der Gottesdienstbesuch da keinen Platz mehr hat. Dafür boomen Kinder- und Familientage, Kinderbibelwochen oder andere spezielle, offene Angebote. Eine solche strukturelle Veränderung erwarten Eltern von der Kirche inhaltlich.
»Jeder ist für seinen Glauben selbst verantwortlich und ist nicht mehr allein der ›Abnehmer‹ kirchlicher Dogmen«, sagt Frieder Harz, »und das möchte ich auch unterstützen. Wenn sich die *Institution Kirche* vornimmt, dass unsere Kinder wirklich auch ihren eigenen Glauben artikulieren können, dann wird die Institution akzeptiert. Die Kinder sollen sich ihren eigenen Reim darauf machen können und dürfen. Das Ziel für religiöse Unterweisung ist dann nicht, dass alle gleicher Meinung sind. Sondern der ganze bunte Blumenstrauß von Äußerungen über Glauben. Religion erscheint dann in der Vielfalt – nicht nur Islam, Judentum, Christentum und andere Religionen, sondern im Christentum erscheint schon die Vielfalt an Meinungen, Überzeugungen und Einstellungen. Und wenn es der Institution gelingt, diese Vielfalt zu pflegen und zuzulassen, wäre das für mich die Zukunft von Kirche. Wenn es im Kindergarten gelingt, dann ist das für mich ein guter Einstieg in kirchliche Sozialisation.«

Literaturempfehlungen

Biesinger, A.; Berger, B.; Mittler-Holze, M.: Abend-Oasen. Geschichten – Rituale – Gebete – Spiele. Ein Gute-Nacht-Buch, München 2002

Biesinger, A.; Kerner, H.-J.; Klosinski, G.; Schweitzer, F. in Zusammenarbeit mit der Stiftung Ravensburger Verlag: Brauchen Kinder Religion? Neue Erkenntnisse – Praktische Perspektiven, Weinheim u. Basel 2005

Biesinger, A.: Kinder nicht um Gott betrügen, überarb. und erweitert. Neufassung, 10. Aufl., Freiburg i. Br. 2000

Margarete Luise Goecke-Seischab; Frieder Harz: Komm, wir entdecken eine Kirche. Räume erspüren, Bilder verstehen, Symbole erleben – Tipps für Kindergarten, Grundschule, Familie, München 2001

Renate Naber

Weißt du, wieviel Sternlein stehen?

Rituale geben Heimat

Am Heiligen Abend 2005 beginnt Pfarrerin Ingrid Kibilka in der Johanneskirche in Köln-Porz den Weihnachtsgottesdienst wie jedes Jahr mit den Worten: »Im Namen des Vaters und des Sohnes und des Heiligen Geistes. Amen.« Die resolute Pfarrerin dirigiert routiniert mindestens 40 Kinder zwischen zwei und zwölf Jahren. Sie haben sich als Schafe, Hirten, Engel, Heilige Familie mit Kind und Räuber verkleidet. Der Ablauf ist jedes Jahr gleich: Singen, Beten und pünktlich um 15.30 Uhr das Krippenspiel für die Gemeinde. Während der Organist die alten, wohlbekannten Weihnachtslieder spielt, nimmt das Weihnachtsritual seinen Lauf.

Solche rituellen Handlungen sind ein Grundmuster menschlichen Verhaltens und ein Grundbedürfnis des Menschen überhaupt, sagen die Psychologen. Immer mehr Menschen sehnen sich heute nach einer Wiederbelebung von Ritualen in ihrem Leben. Experten sehen im Zerfall gemeinsamer Symbole und Riten den Verlust sozialer Bindungskraft.

Wie groß die Sehnsucht nach Ritualen ist, zeigen die Weihnachtstage. Dann sind überall in christlichen Kirchen die Bänke bis auf den letzten Platz besetzt. Wie hier in der Johanneskirche, wo im Mittelgang, an den Seitengängen, einfach überall dichtgedrängt Männer und Frauen stehen, die keinen Sitzplatz mehr bekommen haben. Kinder im Vorschul- und Grundschulalter hocken auf Kissen und ausgebreiteten Decken vor dem Altar und überall sonst, wo noch Raum ist. Es ist für viele Kinder und deren Eltern das wichtigste Fest des Jahres.

Zuhause warten Tannenbaum, Weihnachtsplätzchen und die Geschenke. Doch zunächst ist das Krippenspiel auf dem Programm. Die aufgeregten kleinen Schauspieler haben schließlich jeden Adventssonntag geprobt. Hirtin Vera spielt mit, seit sie krabbeln konnte. Sie erzählt, dass sie jetzt 10 Jahre alt ist und schon fast alle Rollen im Krippenspiel hatte: »Als ich klein war, war ich meistens ein Schaf, da musste ich auch nichts sprechen. Ich war auch Hirte und auch manchmal Maria. Wir treffen uns dann vorher und üben das, denn man muss den Text auswendig lernen.«

Der Psychologe Hannspeter Schmidt leitet eine katholische Familienberatungsstelle in Köln. Er ist überzeugt, dass Kinder, die mit dem Kirchenjahr aufwachsen, durch die großen Rituale eine zeitliche Orientierung finden. Außerdem lernen sie durch die Jahresfeste nicht nur etwas über unsere Kultur, sondern auch über sich selbst. Er meint: »All die Feste, die den Kindern Spaß machen, haben mit dem Aufwachsen zu tun. Es ist wie eine Spirale: Diese Rituale wiederholen sich immer auf einer neuen Altersebene, in einem neuen Entwicklungsjahr, und werden von den Kindern jedes Mal auch ein bisschen anders verstanden. Und so können sie selbst feststellen: Letztes Jahr war das noch anders, da habe ich mich z. B. noch vor dem Nikolaus gefürchtet. Dieses Jahr macht mir das überhaupt nichts mehr aus. Und so kann man selber feststellen, wie man wächst und wie man sich entwickelt. Und auch dazu sind Rituale da, um sich immer auch selbst wieder im Angesicht der gleichbleibenden Rituale neu zu entdecken und zu merken: *Ich verändere mich*, das Ritual bleibt gleich. Das ist eine große Hilfe entwicklungspsychologisch gesehen.«

Kennzeichen von Ritualen

Rituale haben bestimmte Kennzeichen: Sie wiederholen sich, für ihren Ablauf müssen bestimmte Regeln beachtet werden. Ein spezieller Tag, sogar eine feste Stunde wird dafür reserviert und möglichst störungsfrei gehalten. Diese Merkmale gelten nicht nur für die großen wiederkehrenden kirchlichen Feste wie St. Martin, Nikolaus, Weihnachten und Ostern. Wiederkehrende Größen im Leben von Kindern gibt es viele. Kinder sind sehr empfänglich dafür und fordern sie sogar ein. Es muss immer der gleiche Weg zum Kindergarten sein, immer die gleiche Gute-Nacht-Geschichte vorgelesen werden, die Kuscheltiere immer gleich auf dem Regal angeordnet sein. Auch im Kindergarten und in der Schule gibt es Abläufe, die immer wieder gleich sind. Das macht die unüberschaubare Welt für die Kinder sicher, vorhersehbar und fassbar. Schon im Kindergarten ist der Tagesablauf fest strukturiert: die Kinder wissen genau, wann gespielt wird, wie die Begrüßung ist, wann sie in den Garten dürfen. Das hilft besonders den Kindern, denen es schwer fällt, sich von der Mutter zu trennen. In der Schule gibt es ähnlich feste Strukturen: den Stundenplan, feste Pausen und meistens, zumindest in den Grundschulen, den regelmäßigen Schulgottesdienst. Manchmal ist das die einzige

Möglichkeit für die Kinder, außer an Weihnachten, in die Kirche zu gehen.
Da also heute oft so wenig Zeit ist, übernehmen Pfarrerin Kibilka und ihre Kollegen die Vermittlung christlicher Inhalte. Auch dabei hilft das Ritual, erzählt die Pfarrerin: »Der Schulgottesdienst wird nach einem Ritual gestaltet, nach einer Liturgie, die die Kinder mittlerweile auch kennen. Das so genannte ›Votum‹, das ich am Anfang spreche: ›Wir feiern diesen Schulgottesdienst im Namen des Vaters, des Sohnes ...‹, damit beginnt der Schulgottesdienst – das sprechen viele Kinder mittlerweile schon mit und das finde ich gut. Denn dieses Votum kommt auch in einem Erwachsenengottesdienst wieder. Das gibt den Kindern Sicherheit, wenn sie einmal woanders im Gottesdienst sind. Ganz gleich, ob sie nun nach Bayern oder an die Nordsee fahren, gewisse rituelle Elemente werden sie wiederentdecken, und sei es das Vaterunser.«

Rituale in der Familie

Riten und Rituale, das immer wiederkehrende ordnende Prinzip hat auch innerhalb der Familie eine wichtige Funktion. Kinder empfinden die Wiederholung nicht als langweilig, sondern freuen sich darüber, dass sie schon vorher wissen, was passieren wird. Isabel erzählt, wie in ihrer Familie Geburtstage gefeiert werden: »Morgens wache ich schon sehr früh auf und dann setze ich mich oben an die Treppe und meine Eltern bereiten dann noch was vor. Dann rufen sie mich herunter. Der Tisch ist schön geschmückt: Da steht schon der Kuchen auf dem Tisch und die Geschenke. Während ich die Treppe herunterkomme, singen meine Eltern und mein Bruder für mich ein Lied, meistens Happy Birthday. Wenn ich die Kerzen ausgespustet und mir etwas gewünscht habe, darf ich auch die Geschenke auspacken.«

Wie alle Kinder liebt auch Isabel solche Familienrituale. Die am Abend erzählte Geschichte muss unbedingt immer gleich sein. Eltern kennen das: Wenn sie manchmal versuchen, die Lieblingsgeschichte der Kinder abzukürzen, werden sie von ihren Kindern gnadenlos korrigiert, nach dem Motto: Das geht aber ganz anders, Papa!

Gabi Sewald hat das mit ihrem Sohn Daniel erlebt. Für ihn musste sie jahrelang zum Geburtstag immer einen ganz besonderen Auto-Kuchen backen: »Das ist ein Biskuitteig in einer Autokuchenform und diesen Kuchen habe ich schön verziert mit Gummibärchen, Liebesperlen, Smarties. Der Kuchen musste immer gleich aussehen und wenn nur ein Gummibärchen nicht am richtigen Platz lag oder die Radkappen nicht so gelungen waren, dann stimmte schon etwas nicht. Mein Sohn Daniel hat dann den Kuchen auch selbst mitgestaltet. Der *musste immer gleich* aussehen.«

Alltagsrituale

Kinder werden täglich mit vielen Reizen aus dem Fernseher und dem Computer überflutet. Die Berufstätigkeit der Eltern führt zudem dazu, dass vieles schnell oder auch von den Kindern allein abgewickelt werden muss. Gerade deshalb, so die Psychologen, sind gemeinsame Rituale heute wichtiger denn je.

Hannspeter Schmidt betont: »Rituale sind immer Momente des Verharrens im Bekannten, des Sich-Besinnens auf Altes und doch immer wieder Neues. Wenn ich also in einer Familie aufwachse, dann ist das auch immer wieder eine Vergewisserung: Das sind wir. Und das ist eine große Stabilisierung entwicklungspsychologisch gesehen. Nicht nur im Jahresverlauf, auch der Tagesablauf sollte möglichst ritualisiert ablaufen. Vielleicht ist ›ritualisiert‹ ein zu großes Wort, aber jedes Ritual hat ja eine Regelmäßigkeit, eine Gesetzmäßigkeit, und auch in einem geordneten Elternhaus läuft der Tag, die Woche relativ geordnet ab, auch wenn es Unterschiede in den einzelnen Tagesabläufen gibt. Das ist eine ritualisierte Form des Aufstehens, des Frühstückens, des Zur-Schule-Gehens, des Nach-Hause-Kommens. Was findet man vor? Gibt es Mittagessen? Gibt es das nicht? Ist die Mutter aushäusig? Ist man allein zu Hause? Wie ist das eigentlich?«

Das Thema Alltagsrituale wirft viele Fragen auf: Wann sitzt die Familie gemeinsam am Tisch? Welche Möglichkeiten gibt es überhaupt, sich als Familie zu erfahren, und wie läuft das genau ab? Pfarrerin Ingrid Kibilka meint, dass das gemeinsame Frühstück morgens für ihren Sohn Konstantin und für sie selbst ein wichtiges Ritual sei, auf das sie sehr viel Wert lege. Auch wenn ihr Sohn behauptet, er habe keinen Hunger, müsse er sich mit an den Tisch setzen und ein Glas Milch oder Kakao trinken. Dann unterhalten sie sich, lesen ein wenig Zeitung oder sprechen über Themen, die beide interessieren. Da ihr Mann kein Frühaufsteher ist, gebe es als gemeinsames Ritual das Mittagessen zu dritt. Abends isst in der Familie Kibilka jeder, wie es

gerade kommt, da die Pfarrerin besonders abends viel unterwegs ist.
Gabi Sewald erzählt: »Als meine Kinder klein waren, meine Tochter zwei, mein Sohn war vier Jahre alt, da gab es morgens so gegen 11 Uhr – wenn die Kinder zuhause waren – das Obstritual. Dann habe ich mich an den Tisch gesetzt und Äpfel klein geschnitten oder Apfelsinen. Dann kamen die Kinder und setzten sich dazu und dann haben wir erst mal Obst gegessen. Dieses Obstritual gibt es in unserer Familie bis heute.«
Die 10-jährige Isabel sammelt mit ihrer Mutter im Herbst bunte Blätter und presst sie dann. Jedes Jahr entstehen so wunderschöne Bilder. Im Grunde sind dies keine großen Dinge: Obst schneiden, Blätter sammeln, und trotzdem haben diese Tätigkeiten eine wichtige Funktion: Sie schaffen Bindungen, Gemeinsamkeiten, geben ein Gefühl von Geborgenheit. Es genügt schon, wenn man an den Wochenenden gemeinsam kocht oder jeden Tag einmal gemeinsam isst; am Abend vielleicht den Tag Revue passieren lässt, sich Zeit für ein gemeinsames Spiel nimmt oder eine Gute-Nacht-Geschichte vor dem Einschlafen vorliest. Es sind die immer wiederkehrenden Selbstverständlichkeiten, die zu lieben Gewohnheiten werden, zu Ritualen. Sie schaffen in der Familie Gemeinsamkeiten, die im Alltag sonst untergehen, und erzeugen spielerisch ein starkes Wir-Gefühl.
Vor allem für Kinder bedeuten sie etwas, auf das sie sich freuen können – auch wenn der Tag mal nicht so toll war. Ein Ritual fängt sie wieder auf. Und wenn die Kinder älter werden, wandeln sich auch die Rituale. Früher wurde Isabel ins Bett gebracht, jetzt ist sie zehn; da gibt es noch einen Gute-Nacht-Kuss, und

dann geht sie allein ins Bett. Sie hat jetzt ihr eigenes Ritual, Isabel liest vor dem Einschlafen, aber sie weiß noch genau, wie es früher war: »Wenn ich abends schlafen gehen sollte, dann hat meine Mama mich ins Bett gebracht. Dann kam mein Papa auch und dann haben die mir beide gute Nacht gesagt und dann ist meine Mama noch dageblieben und dann haben wir zusammen gebetet und sie hat mir noch eine Geschichte erzählt oder etwas vorgelesen. Oft hat meine Mama Schlaflieder vorgesungen, ›Weißt du, wieviel Sternlein stehen‹ oder so.«

Auch Vera geht jetzt allein schlafen. Sie betet vor dem Einschlafen. »Ich bete dann, dass ich gut schlafen kann und dass ich nicht müde bin morgens und keine Albträume habe. Das klappt dann auch.«

Der Psychologe Hannspeter Schmidt empfindet das abendliche Beten als eine wichtige Form der Selbstvergewisserung. Er erklärt: »Wir haben ja einen Gott, zu dem wir beten, oder wir haben Heilige oder Engel, zu denen wir beten, es gibt also ein Gegenüber in der Transzendenz. Ein Kind erfährt so, dass über ihm der Himmel ist, wie auch immer kindlich gedacht. Dort gehen in seiner Vorstellung die Verstorbenen hin; die Oma oder der Opa sitzt dort oben auf der Wolke. Und darüber ist ein Gott, zu dem ich beten kann, dem ich auch mich und andere zum Schutz anempfehlen kann. Das ist für ein Kind eine enorme Stärkung der Selbstsicherheit; eine Erfahrung, auf die das Kind später zurückgreifen kann.«

Rituale im Lebenskreis

Neben den Jahresfesten und Alltagsritualen gibt es noch eine dritte Gruppe: die Lebenskreisrituale. Sie sind angesiedelt an den großen Schwellensituationen des Lebens: Geburt, Pubertät, Lebensbindung und Tod. Die Kirchen begehen sie mit den großen Ritualen: Taufe, Kommunion, Konfirmation, Eheschließung, Beerdigung. Diese Lebenskreisrituale sind nach wie vor gefragt, weil sie Übergangssituationen, die einen ängstigenden Wandel bedeuten, wo das Ungesicherte des Lebens besonders deutlich wird, einen hilfreichen festen Rahmen geben. Manchmal entwickeln sich in solchen Momenten ganz eigene kleine Rituale.

Gabi Sewald hat erfahren, wie sehr ihr ein Ritual geholfen hat, den kleinen Töchtern ihrer Freundin beizustehen, als diese sehr jung an Krebs starb. »Wir wohnten in einer Hausgemeinschaft. Wir haben gemeinsam an ihrem Totenbett gestanden, denn sie ist ja zu Hause gestorben. Dann kam der Bestatter. Wir haben sie zusammen schön angezogen und dann am Sarg gestanden, haben uns alle in den Arm genommen und uns von ihr verabschiedet. Später habe ich die Kinder ins Bett gebracht und eine Geschichte vorgelesen. Daraus ist ein Ritual entstanden: Wir haben jeden Abend gemeinsam dieses Buch gelesen und dann alte Geschichten erzählt. Wir haben gesagt: ›Ach, weißt du noch, mit Mama, was wir da gemacht haben und wie wir mit Mama auch den Jahreszeitentisch gestaltet haben?‹ Solche Geschichten, die uns dann einfielen, haben wir immer und immer wieder erzählt, um sie so in Erinnerung zu behalten. Am Anfang wollten die Kinder ganz viel erzählen. Später wurde es immer weniger.«

Durch das gemeinsame Erinnerungsritual festigte sich die Bindung zwischen Gabi und den beiden Töchtern ihrer Freundin. Mit allem, was sie bewegt, kommen die Mädchen bis heute zu ihr. Nähe sei durch dieses abendliche Ritual entstanden, sagt sie, und Vertrauen. Mit Ritualen kann man Schmerzen lindern und Ängste begrenzen. Hannspeter Schmidt hat in seiner Familie genau diese Erfahrung gemacht: »Ich kann mich gut daran erinnern, als die Kinder klein waren, sind wir immer an ein und denselben Ort in die Ferien gefahren. Die Kinder wussten genau, wie das Auto gepackt wurde, wie morgens das Aufstehen ablief, wie sie in die Sitze gesetzt und festgeschnallt wurden, welche Kuscheltiere mitfuhren, welches Köfferchen sie mitnahmen und was sie einpacken sollten. Wenn wir in dem Urlaubsort ankamen, schauten sie als erstes, ob das Haus noch stand und ob es den Süßigkeitsladen an der Ecke noch gab. Also, es macht großen Spaß zu sehen, wie Kinder sich darüber freuen, zu entdecken, dass etwas noch da ist, dass etwas immer noch so funktioniert wie im vorigen Jahr.«

Psychologen raten dazu, zwei bis höchstens drei einfache Rituale täglich in den Familienalltag zu integrieren; dazu ein paar Wochen- und Jahresrituale. Auf keinen Fall aber sollte man das ganze Leben in festgefahrene Schemata pressen. Dann wird es leblos und als Zwang empfunden und verkehrt sich ins Gegenteil. Denn Rituale sollen vor allem eins: Kindern Spaß machen. Hannspeter Schmidt ist überzeugt: »So ein Reiseritual gibt Kindern eine große Sicherheit. Sie freuen sich zu entdecken, dass etwas beständig ist im Leben, auch wenn sie sich selber immer weiterentwickeln und so viele Dinge sich verändern. Vielleicht ist auch die Beständigkeit der Rituale dazu angelegt, uns mehr Mut zu geben, Räume, die nicht durch Rituale gesichert sind, zu erobern und zu sagen: ›Wir haben einen gewissen Schatz an Beständigkeit in uns‹ – wir Psychologen würden das als Objektkonstanzen bezeichnen. Rituale ermöglichen es uns, neue Beziehungen einzugehen, deren Ende und Verlauf wir nicht im Vorhinein wissen können. Dazu gehört schon ein bisschen Mut und Risikobereitschaft und dabei helfen uns die Rituale vielleicht auch.«

Irgendwann kommt in jeder Familie der Tag, an dem die Kinder die alten Rituale nicht mehr wollen, ganz gleich, ob Alltagsrituale, Familientraditionen oder Feiertagsrituale. So eröffnen die pubertierenden Jugendlichen ihren überraschten Eltern vielleicht, dass sie am Heiligen Abend statt mit ins Krippenspiel zu gehen, lieber in der Disco abtanzen wollen. Dann sollten Eltern unbedingt Nerven behalten, rät Hannspeter Schmidt: »Ich glaube, dass das Elternhaus eine ganz große Kraft hat. Manchmal versagt es auch trotz der großen Kraft, da steckt man nicht drin. Viel hängt davon ab, in welche Clique der Jugendliche gerät. Die Kinder kommen dann mit neuen Erfahrungen nach Hause. Ich glaube, das A und O ist die Durchlässigkeit, eine Akzeptanz im Elternhaus, sodass die Jugendlichen nicht das Gefühl haben, damit muss ich mich verstecken, das muss ich jetzt verbergen, das dürfen meine Eltern nicht wissen. Sie kommen dann mit einem Gefühl: das mag jetzt vielleicht kritisch gesehen werden, aber das kann ich mit meinen Eltern besprechen. Ich glaube, diese Gesprächsfähigkeit ist das A und O im Elternhaus.«

Straffällig gewordene Jugendliche und solche, die sich

betont antisozial verhalten, geben fast übereinstimmend an, dass ihnen familiäre Gemeinsamkeiten fremd sind. Für alle, die als Eltern Geschichtengeber und Ritualpräger sind und waren, bleibt also die Hoffnung, dass nach eventuellen Exzessen in der Pubertät und problematischen neuen Ritualen in der Clique viele junge Erwachsene wieder in eigene gefestigte Strukturen zurückfinden. Spätestens, wenn sie selbst eine Familie gründen, werden sie ihre eigenen Rituale entwickeln. Und so mancher greift dann gern auf alte Rituale aus dem Elternhaus zurück, so wie Pfarrerin Ingrid Kibilka, die das Lied »Guten Abend, gute Nacht« so gern mag: »Wenn ich das Lied höre, dann habe ich immer ein ganz bestimmtes Bild vor Augen: Meine Mutter lehnt an der Kinderzimmertür und singt ›Guten Abend, gute Nacht‹. Das habe ich dann selbst meinem Sohn, als er klein war, auch ganz ganz oft vorgesungen. Konstantin war letztens im Krankenhaus, und als ich ihn dann abends besucht habe, um gute Nacht zu sagen, da meinte er zu mir: Mama, sing mir das Lied. Das fand ich so rührend! Zugegeben, es ist ja ein bisschen kitschig, aber ich liebe dieses Lied und Konstantin Gott sei Dank auch.«

Literaturempfehlungen

Barbara Sichtermann, Leben mit einem Neugeborenen. Ein Buch über das erste halbe Jahr, Frankfurt/Main 2001
(Dieses Buch will Eltern helfen, Unsicherheiten, Ängste und Vorurteile abzulegen und statt dessen vor allem eine Körperbeziehung zu dem Baby herzustel-

len: mit ihm zu leben, anstatt es lediglich zu versorgen; auch hier können schon erste Rituale wichtig sein.)

Ingrid Biermann: Rituale machen Kinder stark. Praxisbuch für den Kindergarten, München 2002
(Kinder im Vorschulalter sind von den vielen auf sie einströmenden Impulsen oft überfordert. Vertraute Abläufe schaffen da Verlässlichkeit und Geborgenheit und führen zu mehr Selbstvertrauen. Gleichzeitig helfen liebevoll gestaltete Rituale dabei, dem ganz normalen Alltag mit Wertschätzung und Aufmerksamkeit zu begegnen. Nicht nur für Erzieherinnen lesenswert!)

Petra Kunze und Catharina Salamander: Die schönsten Rituale für Kinder, Hamburg 2000
(Hauptsache regelmäßig: vom morgendlichen Kakao bis zur Gute-Nacht-Geschichte! In diesem Ratgeber erhalten Eltern viele Anregungen, wie sie klassische und neue Rituale liebevoll gestalten können, und Tipps, wie Grenzen zu setzen sind – sanft, aber bestimmt. Zusätzlich enthält der Ratgeber zahlreiche schöne Ideen für die Feste im Jahreskreis sowie spezielle Rituale schon für Schwangerschaft, Geburt und die wichtigen ersten Monate.)

Barbara Leitner

Die Luft, die ich atme

Was Kinder über Gott wissen

»Ich denke, Gott ist die Luft«, meint Dominique, unsicher, wie die Antwort ankommen werde, und setzt hinzu: »Wenn ich atme, da ist ja auch Luft und so nehme ich Gott in mir auf.« Weiter will die Siebenjährige nichts erklären.

Für Dörte steht fest: »Gott ist rund, mit einem Gesicht in der Mitte. Er ist weder Mann noch Frau.«

Julia stellt sich ihren Gott wie eine Statue vor. »Der lebt zwar, bewegt sich aber nicht. Und das ist der Gott für alle anderen Götter. Denn jeder hat seine eigenen Götter, die immer bei ihm sind und immer zu ihm halten.« Und die können ganz verschiedene Gestalten annehmen, die von Tieren beispielsweise.

Georg hört erstaunt zu. Sein Gott sitzt irgendwo im himmlischen Paradies in einem großen Sessel und spielt mit den Aposteln Karten. »Er ist der Chef über unsere Schutzengel, die immer bei uns sind«, hofft der Zehnjährige. Und Timm, sieben Jahre alt, ergänzt: »Der hat ein langes Gewand an und läuft immer barfuß. Und an den Haaren kann man erkennen, dass es ein Mann ist.«

Das ist kein alltägliches Gespräch für die Kinder, auch in einem Kirchenraum nicht: Zu beschreiben, wie sie sich Gott vorstellen, wie sie ihn sehen, hören, erfahren. Und doch scheint es fast so, als hätten sie darauf gewartet, dass sie jemand danach fragt und bereit ist, ihnen zu lauschen, ohne sie zu belehren. Ernsthaft und

vorsichtig zugleich tasten die Mädchen und Jungen in ihrem Inneren nach ihren Gottesbildern. Was ist das richtige Wort für das, was ich empfinde? Und wird es bestehen, auch wenn meine Sätze holprig und ungenau sind und keinen Kirchengott zeichnen?
»Gott ist groß«, sagt Hannes mit fester Stimme, »größer als die Erwachsenen. Das weiß ich.«
»Gott ist ganz weit oben und dort ist alles gold«, verrät die neunjährige Sophia von ihrem inneren Erleben. »Das kann man aber nicht mit den Augen erblicken. Es ist auch viel zu weit oben. Und Gott hat ganz viele Gesichter und so kann er alle sehen. Für jeden Mensch hat er ein Gesicht, das immer bei einem ist.«
»Als Baby habe ich immer gedacht, dass Gott mit seiner Frau bei den Engeln wohnt und dass er die Sonne aufweckt, dass es Tag wird, und den Mond aufweckt, dass es Nacht wird«, erzählt Lea munter drauflos und Dominique staunt. Sie kann sich nicht erinnern, Gott bereits als Baby gekannt zu haben. Clara ist sich sicher, dass es auf dieser Welt viele Götter geben muss, verschiedene auch in verschiedenen Ländern. »Wie sie heißen, weiß ich aber nicht.«

Die Welt begreifen

Wird ein Kind geboren, will es alles, was es umgibt, aufnehmen und erfassen. Es greift nicht nur nach seiner sichtbaren Welt und will sie begreifen. Ebenso versucht es auch das zu erspüren und zu ergründen, was dahinter ist – das unsichtbare Band der Welt, die tiefsten Geheimnisse des Lebens. Religionspsychologen gehen heute davon aus, dass in jedem Kind eine religiöse Dimension angelegt ist, die es eines Tages durch sein Erleben entdecken oder ablehnen wird. Bereits ein Baby erfährt in seiner Familie, ob es den Eltern und damit dem Leben trauen kann, erlebt sich als wertvoll, geborgen und umsorgt. Diese Gefühle werden später auch seine religiösen Bindungen bestimmen, wenn zu dem situativ Erlebten auch die ausgesprochenen religiösen Deutungen durch die Erziehenden hinzukommen. »Die Kinder wollen dann genauer wissen, wie es sich verhält, und sie stellen in aller Regel sehr tiefgründige Fragen, die Erwachsene nicht mehr stellen, weil sie in unserem Alltag nicht mehr so vorkommen«, erklärt Friedrich Schweitzer, evangelischer Theologe und Professor für Religionspädagogik an der Universität Tübingen. »Sie wollen wissen, ob die Dinge so sind, wie sie sind, und ob sie nicht ganz anders sein könnten. Sie wollen wissen, wie es sich mit der Welt verhält und dazu gehört auch die Frage, wie das mit Gott ist.«

Wohnt der liebe Gott im Himmel? Wo fängt der Himmel eigentlich an? Ist Oma jetzt ein Engel? Wenn das Meerschwein stirbt, kommt es dann auch ins Paradies? Haben Engel auch Ferien? Warum hat Gott bloß die lästigen Mücken gemacht? Wie kann er mich beten hören? Immer neue hintersinnige Fragen fallen den Kindern ein, Fragen, mit denen sie ihr Bild von der Welt zu erschaffen streben.

»Das hat auch damit zu tun, dass die Kinder von Anfang an Erfahrungen mit einem größeren Gegenüber machen, mit Sehnsüchten, Wünschen, Hoffnungen und Ängsten«, meint Friedrich Schweitzer. Zunächst beziehen sich diese Erfahrungen auf die Eltern oder die Menschen, mit denen die Kinder ihren Alltag verbringen. Die Mädchen und Jungen sehnen sich nach Nähe, wollen Verbundenheit erleben, sich geschützt wissen und haben zugleich Angst, verlassen und alleine zu sein, ausgesetzt und angegriffen zu werden. Das sind nicht nur momentane Befindlichkeiten, erläutert Schweitzer weiter. »Sie haben gleichsam eine Tiefendimension und hinterlassen in jedem Menschen Spuren. All diese Gefühle spielen eine Rolle, wenn die Kinder dem Wort Gott begegnen oder Erzählungen von Gott hören.«

Natürlich stoßen Kinder in unserer christlich geprägten Kultur immer wieder auf das Wort »Gott«. Sie sehen Kirchen und finden Abbilder von Gott in Kirchen, Galerien und Medien. Doch wenn die Jüngsten von Gott reden, geht es um weit mehr als ein Nachplappern des Gehörten und Gesehenen. Ihr Gott repräsentiert auch nicht – wie man lange glaubte – die Vaterfigur. Vielmehr suchen bereits Ein- und Zweijährige mit ihren religiösen Phantasien unbewusst nach Antworten auf ihre ganz eigenen Fragen nach dem Woher und Wohin in dieser Welt. Von ihrem ersten Tag an wollen sie wissen, ob es in dieser Welt Liebe gibt und eine Kraft, auf die sie immer vertrauen können. Psychoanalytiker gehen davon aus, dass ein Kind bereits in seinen ersten zwei Lebensjahren die rätselhafte Verbindung von sich selbst mit dem Kosmos erlebt – in Momenten etwa, in denen ein Lichtstrahl an der Wand so wunderbar leuchtet, sie einen besonderen Ton hören, eine zärtliche Berührung spüren und sie sich ganz und gar vollständig fühlen. Ohne Zweifel gehört die Beziehung zu der stillenden Mutter dazu.

Gott ist wie die Sonne

Kinder malen im Alter von drei, vier Jahren das Bild mit einem Haus mit spitzen Dach, zwei Fenstern und einer Tür. Davor führt ein Weg vorbei. Dazu gibt es meistens noch einen Zaun, einen Baum, Wolken, Vögel und die Sonne. »Wir dachten immer, die Sonne steht für das Licht und das Wachsen«, erläutert Anette von Bodecker, Studienleiterin beim Bildungswerk der evangelischen Kirche in Berlin und Therapeutin. Doch heute ist das für sie auch ein Abbild einer ursprünglichen Gotteserfahrung. »Ich stelle mir das so vor: Ein Kind liegt in den Armen der Eltern und wenn es aufschaut, sieht es das runde, lächelnde Gesicht von Mutter oder Vater, fühlt sich geschützt und genährt, liebkost und gehalten. Für das Kind geht gleichsam die Sonne auf.«

Bereits im Alter von zwei, drei Jahren haben Kinder eine erste, unbewusste Gottesvorstellung. Ihr Gottesbild gleicht dabei einem Abbild ihres Lebens in der Familie. Beispielsweise ist Gott für sie jemand, der alle Wünsche erfüllt. Oder Gott ist nur unter bestimmten Bedingungen bereit, sie anzunehmen. Zwar berichten Erwachsene oft von frühen prägenden Ritualen in ihrem Elternhaus: wie die Familie betete oder zur Andacht eine Kerze anzündete und dadurch die Wirklichkeit Gottes vorlebte. Doch vermuten Forscher heute, dass die religiöse Dimension des Seins vor allen in Situationen zwischen Hoffnung und Angst im Alltag der Kinder geweckt wird. »Das ist eine erste Gotteserfahrung, wenn ein Kind zu Hause erfährt: Du darfst sein. Wir sind gespannt, wie du wirst!«, ist Anette von Bodecker überzeugt, die für eine religiöse Begleitung eines Kindes bereits im Mutterleib plädiert. »Wenn ein Kind frei von solchen Maßgaben sein darf, wie etwa ›Wir erwarten von dir, dass du schön wie die Großmutter, klug wie der Großvater wirst‹, wenn es sich ganz frei von solchen Erwartungen entfalten darf, dann kann auch das Gottesbild des erwachsenen Menschen später ein ermutigendes und freilassendes sein.« Das Gegenteil erlebt von Bodecker in ihrer therapeutischen Arbeit. Ihre Klienten hörten oft: Ich liebe dich, weil du jetzt dieses oder jenes getan hast. Sie wurden bewertet und diese bedingte Liebe übertrugen sie später auch auf die Religion und ihre Beziehung zu Gott.

Mit vier Jahren ungefähr beginnen die Kinder dann lebhaft zu sprechen. Manche fragen dann ständig: »Nicht wahr, das hat Gott gemacht?« Zugleich lauschen sie begierig Mythen und auch biblischen Geschichten. Das Gehörte vermischen sie mit Erfahrenem. Die Mädchen und Jungen erfinden Fantasiegeschichten, mit denen sie den Raum zwischen schlimmster Befürchtung und bester Lösung durchschreiten. So erzählen sie auch von Gott und seinem Tun: Wie er selbst im Himmel oben die Vampire im nächtlichen Kinderzimmer tanzen sah – und herabstieg und sich schützend vor das ängstliche Kind stellte. »Selbst in Religionen, in denen ein strenges Bilderverbot besteht, etwa im Judentum oder Islam, berichten die Kinder von bildhaften Vorstellungen«, weiß der Tübinger Universitätsprofessor Friedrich Schweitzer aus Befragungen von jüdischen und muslimischen Mädchen und Jungen. In dem Alter müssen sich die Kinder alles genau vorstellen. Deshalb wollen sie wissen, was Gott tut, wenn er schläft, ob er eine Frau hat oder wie er die Menschen hören kann. »Erwachsene sollten davor keine Scheu haben, Kindern auch ihre Bilder zu lassen und ihnen auch Bilder anzubieten, wenn sie danach fragen«, empfiehlt der Religionspädagoge. Für Erwachsene mitunter eine schwere Prüfung: Sie müssen aushalten, wie Erlebtes und Erdachtes in den Geschichten der Vier- und Fünfjährigen widersprüchlich durcheinander purzelt und sie dabei verkünden, das sei »in echt« geschehen.

Auch ältere Mädchen und Jungen zeichnen oft ein für die Eltern und Erzieher befremdliches Gottesbild, fern von der christlich-biblischen Tradition. Doch in ihren Gesprächen über Gott suchen Kinder nicht zuerst nach einer Antwort, schon gar nicht nach einer ein für allemal gültigen. Vielmehr wollen sie das Echo auf ihre Fragen hören, um sich selbst und ihrem eigenen Bild von Gott und der Welt auf die Spur zu kommen.

»Immer in der Nacht, wenn ich träume, stelle ich mir vor, wie Gott wohl aussehen könnte«, erzählt die siebenjährige Lea. »Ich überlege mir, welche Farben und Teile er anhat. Jede Nacht stelle ich mir ein Teilchen vor, ganz weiß ich es noch nicht. Ich glaube, er trägt ein T-Shirt, das zerrissen ist. Und er wohnt in einem Wolkenhaus, das nicht kaputt geht. Und der Gott ist lieb und ich finde, er hilft den Armen, die kein Geld haben oder nichts zu essen, dass die Geld kriegen, wenn sie keine Arbeit haben.«

Wie das für Erwachsene ist, ohne Arbeit zu sein, lässt die kleine Lea keine Ruhe finden und auf Gottes Beistand hoffen. Hannes dagegen sucht nach einer Gestalt, den Supermännern aus den Medien gleich. »Ich habe ihn leider noch nie auf einem Plakat gesehen. Aber ich glaube, er sieht so aus wie die Helden früher, mit Umhang und schick. Und ich glaube, er hat nicht nur Mus-

keln. Für ihn gilt auch der Spruch ›In der Ruhe liegt die Kraft.‹ Er hat diese Kraft.«
Die Gottesbilder der beiden Siebenjährigen haben bereits eine klare Ordnung. Wie in Geschichten aus dem Altertum sprechen sie nun von einem Unten und einem Oben und dazwischen erschaffen sie sich spielerisch eine andere Wirklichkeit, eine Welt, die sie trägt: Was kann ich tun, wenn ich mich beispielsweise verlassen fühle, mit den Freunden zerstritten bin, mich langweile, die Eltern in ihrem hektischen Alltag gar keine Zeit finden? Und was, wenn sie verloren gingen, plötzlich nicht mehr da wären – Überlegungen, die Kinder durchaus anstellen.

Geborgen bei einer höheren Macht

Sophia entdeckte aus solch einem Gedankenspiel heraus ihren Schutzengel. Sie nannte ihn Julia, wie eine Freundin. Seitdem war sie niemals mehr allein und hatte immer jemanden an ihrer Seite, dem sie all ihre Sorgen und Freuden anvertrauen konnte: »Selbst wenn wir in der S-Bahn gefahren sind, kam mein Schutzengel mit und setzte sich auf meinen Schoß«, berichtet die Neunjährige. »Einmal wollte Julia aussteigen, weil sie dachte, wir sind da und verpasste es, wieder einzusteigen. Da hat sie sich von außen an der Scheibe festgekrallt und ist bei der nächsten Station wieder zu mir gekommen.« Dieser Schutzengel ist Sophias Gott. Kinder im Grundschulalter finden so Trost und Geborgenheit. Sie wissen dann bereits: Ihre Eltern sind keine Götter, sind fehlbar, selbst wenn sie die Töchter und Söhne liebevoll begleiten. Deshalb vertrauen sich die

Kinder nun einer höheren Macht an – Engelsgestalten, die im Himmel wohnen und über sie wachen. Die rufen sie auch, wenn sie Hilfe brauchen. »Manchmal, wenn ich etwas suche und nicht finden kann, dann falte ich meine Hände und bete: Bitte, Gott, bitte, Gott, hilf mir, dass ich meine Fußballsticker finde«, verrät der siebenjährige Hannes. Geklappt hat es nicht. »Da musst du dran glauben und dann weiß Gott, dass du es möchtest und dann versucht er es zu machen«, ermuntert ihn die gleichaltrige Annika. In diesem Alter ist es für die Kinder wichtig, »richtig« zu beten, die Hände zu falten und zu einem konkret gedachten Gott zu sprechen. Untersuchungen zur kognitiven Entwicklung zeigen, dass erst Zehnjährige beispielsweise den Sinn von vielschichtigen Gleichnissen erfassen können, abstrakt zu denken beginnen. Dennoch – nicht immer erfüllt sich der innigste Wunsch der Kinder, finden sie die gesuchten Sticker oder bekommen sie die gewünschte Barbie-Puppenstube. Sie stoßen an die Grenzen ihres Gottesbildes und fangen an zu zweifeln. Wieso hat Gott mir nicht geholfen? Ist es mit Gott doch nicht so, wie ich es mir immer vorgestellt habe? Warum tut er nicht, was ich mir wünsche, obwohl ich ordentlich und lange darum bitte?

Wohin ihr Nachdenken die Kinder führt, hängt dabei auch davon ab, welche Gottesbilder ihnen die Eltern daheim, die Erzieherinnen im Kindergarten oder die Diakone in der Christenlehre präsentieren. Anette von Bodecker erinnert das Beispiel einer Vierjährigen, die im Morgenkreis traurig von der kranken Oma erzählte. Eine Erzieherin betete: Gott, du hast gehört, dass die Großmutter von Mirjam im Krankenhaus liegt. Wir wissen, dass du bei uns bist, und wir bitten dich darum, mache die Oma wieder gesund. »Wenn die Oma stirbt, bleibt für das Kind die Frage: Warum hat er unser Gebet nicht erhört? Dann fällt dem Kind mit vier Jahren ein, Papa hat neulich so freche Sachen gesagt. Das hat Gott übel genommen, jetzt hat er unsere Oma sterben lassen und damit wird ein Gottesbild verfestigt, wo Gott nach Gutdünken handelt und leben lässt oder sterben macht«, glaubt die Therapeutin. In ihrer Praxis erlebt sie Erwachsene, die fragen, warum Gott ihren Partner hat sterben lassen, wo er doch so gut war. »Bei denen ist Gott der Macher.« Um das zu verhindern, schlägt Anette von Bodecker eine andere Art von Gebet vor, etwa so: »Gott, wir wissen, dass es überall Notsituationen in Familien gibt. Mirjams Oma liegt im Krankenhaus. Wir legen das in deine guten Hände und wir wünschen uns, dass die Ärzte und Schwestern alles Erdenkliche tun, was der Oma hilft, die Schmerzen zu lindern, und wir wünschen uns, dass es ihr besser gehen darf. Aber egal, ob du uns im Leben oder im Sterben begleitest, wir glauben, dass du mit deinem guten Geist bei uns bist.« Mit solch einem Gebet kann Gott bestehen, wenn die Oma stirbt und auch, wenn sie gesund wird. Und genau darauf kommt es an: Die Kinder nicht auf Glaubensbilder festzulegen, sondern zu erlauben, dass auch diese wachsen.

Religiöses Empfinden braucht Vorbilder

Helmut Hanisch, Religionspädagoge an der theologischen Fakultät der Universität Leipzig, ließ Kinder zwischen sieben und sechzehn Jahren ihre Vorstellungen von Gott zeichnen. Mit Buntstiften malten sie eine

Menschengestalt, meist einen Mann, selten eine Frau. Jungen gestalten sie gewöhnlich als den uneingeschränkten Herrscher, der auf einem Thron sitzt und eine Krone trägt. Als Gott war das Wesen durch seine offen ausgebreiteten Arme und den langen Bart erkennbar. Spannend an der Leipziger Untersuchung war: Es malten Kinder mit religiöser Erziehung und Kinder aus einem atheistischen Elternhaus und zunächst unterschieden sich ihre Bilder kaum. Doch in der späten Kindheit wandeln sich die Vorstellungen der religiös erzogenen Mädchen und Jungen – wird das anthropomorphe, menschenähnliche Bild abgelöst von Symbolen. Bei ihnen wohnt Gott nun in den Herzen der Menschen, ist als Auge, als Licht, als Hand zu sehen. Nicht-christlich erzogene Jugendliche jedoch malen auch mit 13, 14 Jahren Gott als geflügeltes Wesen. Er bleibt für sie eine Märchenfigur, ohne Bezug zu ihrem eigenen Leben. Der Religionspädagoge Friedrich Schweitzer vergleicht das mit dem Verhältnis zur Musik. »Auch musikalisch zu sein ist eine universelle Anlage. Und doch kann diese ganz unentfaltet bleiben, wenn sie sich nicht durch musikalische Erziehung und Bildung ausprägen darf – beispielsweise, indem das Kind ein Instrument spielt oder ein Musikstück komponiert.« Ähnlich ist das nach seiner Meinung mit der religiösen Anlage. Auch das religiöse Empfinden eines Kindes braucht Vorbild und Orientierung durch reife Begleiter, um in eine Form zu münden, die dem Kind Halt und Sicherheit vermittelt.

Allerdings wurde vielen der älteren Erwachsenen Gott in ihrer Kindheit als jemand vorgestellt, der alles sieht und alles weiß, jeden Fehler ahndet oder Liebe nur für Leistung schenkt. Noch ehe sie ihre eigene Seele fanden, wurde früheren Generationen ein lebensfeindliches oder Angst machendes Gottesbild eingeimpft. Das empfanden sie als eine »Gottesvergiftung«. Deshalb halten sich viele Eltern zurück, die eigenen Kinder religiös zu erziehen. Doch damit – davon ist der evangelische Theologe Friedrich Schweitzer überzeugt – droht eine andere Fehlentwicklung: Ein Kaspar Hauser Syndrom nannte er sie in seinem Buch »Das Recht des Kindes auf Religion«. »In der Tat scheint mir, dass Kinder mitunter wie der berühmte Kaspar Hauser aufwachsen müssen. Niemand hilft ihnen, niemand nimmt sie ernst in ihren großen Fragen. Die Kinder lassen die Fragen deshalb nicht fallen, aber sie sind eigentlich arm dran.«

Wo über Gott nicht gesprochen wird, haust er sozusagen unerkannt, abgedunkelt und verkrüppelt in den Kinderseelen. Ohne religiöse Erziehung aber bleiben Lebensfragen der Kinder unausgesprochen: Wer bin ich? Darf ich sein? Wo finde ich Liebe, Schutz, wo Gerechtigkeit? Warum muss ich sterben? Was ist der Sinn des Lebens? Wo solche Fragen keine Worte, kein Echo finden, hinterlassen sie einen Leerraum.

»Dabei kann es nicht darum gehen, den Kindern fertige Antworten zu geben. Noch dazu Antworten vielleicht, die sie auswendig lernen und wiedergeben sollen«, glaubt der evangelische Theologe. »Vielmehr sollen die Mädchen und Jungen ihre eigene Sprache und ihren eigenen Glauben finden.« Das wird ihnen nur schwer möglich sein, wenn sie von den Erwachsenen nicht unterstützt werden, wenn diese nicht vorleben und davon erzählen, wie frühere Generationen Antworten gesucht und gefunden haben. Und sie sollten Kinder und Jugendliche auch ermuntern, sich mit unbequemen Fragen auseinander zu setzen.

Wenn Gott alles sieht, warum hilft er nicht den hungernden Kindern? Wieso konnte Gott zulassen, dass mein Freund von einem Auto überfahren wurde? Wenn Gott allmächtig ist: Kann er nicht Katastrophen und Kriege verhindern? Und wieso erlaubt er, Krieg in Gottes Namen zu führen?

Sinn-Vergewisserung

»Mit meiner besten Freundin rede ich schon darüber, was in der letzten Zeit für krasse Sachen passieren, Flutwellen, Überschwemmungen«, formuliert die 14-jährige Feline. »Es könnte schon so etwas wie eine Strafe sein, weil wir nicht auf die Umwelt achten. Unter dem Motto, Leute, hey, jetzt passt mal auf. Oder Gott denkt, diese Naturgewalten gehören einfach dazu?« »Auf jeden Fall glaube ich nicht, dass Gott an allem Schuld hat«, erwidert Julius. »Ich würde sogar sagen, dass Gott manchmal bewusst seine Finger aus dem Spiel raus hält, damit der Mensch sieht, dass er sich selbst zerstört – auch mit den Kriegen.«
Die Auseinandersetzung mit diesen Fragen zwingt die Jugendlichen zu einer neuen Vergewisserung über das eigene Leben, jenseits der alltäglichen Pflichten. »Es geht um die Frage nach dem Lebenssinn«, meint Friedrich Schweitzer. »Damit sind wir im Bereich des religiösen Fragens und der Frage nach Gott. Gibt es dieses größere Gegenüber, das mir auch dann Anerkennung, Zuwendung, Liebe und Geborgenheit schenkt, wenn ich all dies in meinem Leben nicht erfahre?«
In Zeiten der Globalisierung und des ständigen Wandels, in Zeiten, in denen Familien ihre Stabilität verlie-

ren und nicht jeder sich sicher sein kann, seinen Unterhalt durch eigene Arbeit zu verdienen, kann dieser Halt für Jugendliche existenziell sein.
Jenseits der Kindertage erfahren Jugendliche eine neue Öffnung für die religiösen Dimensionen des Lebens. In der Schule lernen sie, dass nicht Gott in sieben Tagen die Welt erschuf, sondern sie aus der Evolution hervorging. Statt von Adam und Eva hören sie von der DNA und der Vererbungslehre. Was vielen Jungen zunächst eine Krise bereitet, lässt Mädchen schneller nach neuen Verbindungen suchen. Ihr Kinderbild bekommt zwar Risse, häutet sich aber nur. Wie sie jetzt ihren Teddybär nicht mehr zum Einschlafen brauchen, wandelt und weitet sich auch ihre Vorstellung von der göttlichen Kraft.
Für die 14-jährige Feline ist Gott nun nicht mehr ein Opa auf einer Wolke. »Ich stelle mir ihn vor als eine Macht, nicht eine Person, sondern einen Stoff, der alles durchdringt.« Für die Gymnasiastin ist es normal geworden, in Zwiesprache mit Gott sich alles von der Seele zu reden, wie bei einem guten Kumpel. Andere würden es Gebet nennen. Doch jetzt ist für sie das Händefalten nicht mehr so wichtig wie für die Kleinen, richtet sie nicht mehr eine Bitte an Gott. Es geht ihr um ein viel umfassenderes Lebensgeleit. Ihr Gottesbild, so betont Feline, ist viel weiter geworden. »Als ich kleiner war, habe ich darüber nicht so viel nachgedacht. Gott war halt da. Und jetzt ist er mehr als da. Es ist so, als durchdringe er alles.« Von der Idee, Gott würde vom Himmel herab die Gedanken, Wünsche und Gebete von Millionen von Menschen lesen und darauf reagieren, hat sie sich verabschiedet. »Das wäre ziemlich stressig«, denkt sie heute. Deshalb ist

ihr Gott keine Person mehr, eher etwas Fließendes, Verbindendes.

Von klein auf ändert sich das Bild, das sich Kinder von Gott machen und – so Friedrich Schweitzers Hoffnung – das bleibt so ein Leben lang. Am Anfang ist das Weltbild klar aufgebaut: Unten ist die Erde. Darüber ist der Himmel. Und darüber ist Gottes Wohnung. Zum Ende der Kindheit erfahren die Jugendlichen im naturwissenschaftlichen Unterricht, dass die Welt ein Kosmos ist, in dem es gar kein Oben und Unten geben kann. »Damit verliert Gott auch seine Wohnung. Gott wird gleichsam ortlos und es wird für die Kinder und Jugendlichen immer schwerer vorstellbar, was Gott eigentlich sein und bedeuten soll.« Manche zeichnen dann eine Art Nebel, eine Art Schutzhülle um die Erde, die dafür sorgt, dass hier Leben sein kann. Andere greifen zu Symbolen wie der Hand, die die Erde stützt und im Gleichgewicht hält. Für wieder andere ist es ganz deutlich: Es gibt keine Vorstellungen und keine Bilder mehr, mit denen sie Gott verbinden können. »Gerade deshalb ist es in diesem Alter so wichtig, durch religiöse Erziehung und Bildung diese Umformungsprozesse zu begleiten«, unterstreicht der Pädagoge. »Jugendliche müssen verstehen: Als Kind kann man sich Gott bildlich vorstellen. Und doch ist Gott eigentlich ganz anders.«

Freiraum für andere Gottesbilder

In ihrer religiösen Entwicklung durchlaufen die Kinder mehrere Stufen. Auf jeder davon ist ihre Gottesbeziehung vollständig und reich zugleich und kann nicht einfach übersprungen werden. Vielmehr müssen die Mädchen und Jungen diese durchleben, um sich mit ihren Gottesbildern nach und nach auch den biblischen Zeugnissen annähern können: dass sie Gott erfahren als den liebenden Gott, als allmächtigen Begleiter, als Schöpfer der Welt und Mitleidenden.

»In der Vergangenheit dachte man oft, man müsste Kindern etwas geben und Kinder müssten etwas aufnehmen und übernehmen und das sei schon religiöse Erziehung. Aber gerade bei Gottesbildern kann das gar nicht funktionieren. Ein Gottesbild, eine Gottesbeziehung ist etwas sehr Persönliches und für jeden Menschen anders.« Deshalb kann man Kindern nur Freiraum geben, fasst Friedrich Schweitzer zusammen. »Ich finde es sehr wichtig, dass Kinder erfahren: Religion ist nicht etwas Einengendes, sondern etwas Befreiendes, etwas, bei dem man selber suchen und nachdenken kann und darf. Man wird nicht gezwungen, nur Vorgegebenes zu lernen, um es dann bei einer Prüfung wiederzukäuen. Diese Freude und diese Lockerheit scheint mir eine Erfahrung, die wir in der Vergangenheit viel zu wenig zugelassen haben.«

Doch dürfen Kinder ihr eigenes, scheinbar schiefes Bild von einem größeren Gegenüber behalten, können sie auch in Gottvertrauen heranwachsen.

»Wenn ich etwas falsch gemacht habe, dann lässt mich Gott das wissen, indem eine Freundin mir das sagt«, erfährt die elfjährige Elena ihren Gott. »Und gerade daran merke ich, dass er mich trotzdem noch liebt wie vorher, auch wenn ich einen Fehler gemacht habe.« »Ich«, so Julia, die ihren Gott als Statue sieht, »habe manchmal das Gefühl, dass mich jemand an der Hand anfasst, obwohl gar keiner da ist.« Und so weiß sie sich geschützt, so wie Julius, 16 Jahre. Früher sah er eine väterliche Figur, die ihn von oben herab behütete. Jetzt ist es noch immer eine schützende Hand. »Doch da ist viel mehr Augenhöhe. Gott ist nicht mehr über mir. Er ist eher in mir oder ich sehe ihn auch in anderen Menschen – so auf einer Ebene.« Und Feline braucht nicht mehr die Idee, dass jeder Handschlag von Gott geleitet ist. »Aber ich fühle mich durch Gott gestärkt, in meinem Gehirn und meinem Denken. Er gibt mir Geistesstärke«. Was wären wir ohne diese Gewissheit?

Literaturempfehlungen

Friedrich Schweitzer: Das Recht des Kindes auf Religion. Ermutigungen für Eltern und Erzieher. Gütersloh 2000
(Der Autor plädiert leidenschaftlich und aus der Perspektive der Kinder für eine religiöse Begleitung als wichtigen Beitrag für deren Selbstwerdung.)

Jürgen Hach: Religion in der Kindheit. Zur Entstehung religiöser Vorstellungen bei Kindern im Vorschulalter. Frankfurt/Main 2001
(Liefert einen guten Überblick über die sozialwissenschaftlichen, pädagogischen und psychologischen Erkenntnisse im vergangenen Jahrhundert über die Entwicklung der Gottesbilder bei Kindern.)

Helmut Hanisch: Das Gottesbild bei religiös und nicht-religiös erzogenen Kindern und Jugendlichen im Alter von 7–16. Fundort: www.uni-leipzig.de/ru/gottesbilder/ artikel/index.html

(Berichtet über eine Untersuchung an der Universität Leipzig mit gemalten Gottesbildern und wie diese sich durch religiöse Erziehung entfalten können.)

Martin Küsell: Das Recht des Kindes auf sein Bild von Gott, Fundort: www.rpi-loccum.de/kurecht.html
(Zeigt nicht nur die Stufen der religiösen Entwicklung von Kindern auf, sondern auch, wie sich diese dadurch Schritt um Schritt die Grundaussagen der Bibel erschließen.)

Michael Hollenbach

Das Haus, in dem Gott wohnt

Kirche als Lebensraum

Der achtjährige Jan feilt an einer Pappröhre, um eine riesige Murmelbahn zu verfeinern. »Wir machen das Loch hier richtig schön rund, damit die Murmel besser dadurch kann, ohne groß gebremst zu werden«, erläutert der Steppke. Mit Klebestreifen, Buntstiften, Schere, Hammer und Sägen arbeiten 16 Erwachsene und 17 Kinder in der alten Tischlerei der Evangelischen Akademie im niedersächsischen Loccum an dem Kugelwerk aus Pappröhren und Kartons. Der neunjährige Jonathan bastelt mit seinem Bruder Felix an einer Art Weiche: eine Spur soll in einer Doppelspur münden. Begeistert erläutert er das brüderliche Werk: »Hier kommt die Kugel lang und da prallt sie gegen einen Puffer. Dahinter kommen dann zwei Rohre, und wenn die Kugel gegen den Puffer geprallt ist, fällt sie in eine der beiden Rohre.«

Seit 2002 beschreitet die Evangelische Akademie Loccum neue Wege – mit der Kinderakademie. Vorbild für diese Kinderakademie ist die Evangelische Akademie im hessischen Hofgeismar, wo die Arbeit der Kinderakademie bereits Tradition hat. Die Loccumer bieten jedes Jahr sechs Tagungen an für Kinder und deren Eltern, Großeltern, Tanten, Onkel oder Paten. Petra Steinberg-Peter ist in Loccum verantwortlich für das Kinderakademieprogramm. »Das Ziel der Kinderakademie ist es, Kinder zu motivieren, sich an der gesellschaftlichen Entwicklung zu beteiligen, indem wir versuchen, ihnen Themen so zu präsentieren, dass sie sie verstehen und dass sie dazu motiviert werden, an ihrer Gestaltung mitzuwirken.«

Auf dem Programm stehen nicht nur religiöse Themen wie zum Beispiel »Martin Luther«. Unter den Aspekten »Bewegung, Schwung, Dynamik« widmen sich die Loccumer auch der Physik oder sie wandeln auf den Spuren der Steinzeitmenschen. Die Kinder sollen hier im Mittelpunkt stehen. Aber die Mitarbeit der Erwachsenen ist durchaus erwünscht und gehört zum Konzept. »Es gibt immer wieder Punkte, wo die Eltern und Großeltern stärker gefragt sind als die Kinder, wo es darum geht, dass zum Beispiel die Großeltern von ihren Erfahrungen von früher berichten in Erzählstunden, die abends am Kamin stattfinden und die für die Kinder sehr faszinierend sind«, berichtet Studienleiterin Petra Steinberg-Peter.

Die Tagungen der Kinderakademie sind regelmäßig ausgebucht; die Nachfrage ist groß. Die Mutter der achtjährigen Paula weiß, warum: »Weil die Kinderakademie auf eine leichte Art an Themen heranführt, die die Eltern nicht oft mit den Kindern vertiefen können. Die Schularbeiten zu Hause sind ja immer von diesem Schulalltag überschattet. Hier ist alles etwas spielerischer, und man verbringt viel Zeit miteinander, spielerisch nach Lösungen zu suchen und vieles auszuprobieren.«

Mit ihrem Angebot sprechen die Loccumer vor allem Familien aus der Mittelschicht an. Besonders fromm muss hier niemand sein, der an der Kinderakademie teilnehmen will, sagt Studienleiterin Petra Steinberg-Peter: »Unsere Klientel sind zum einen offene Christen, die froh sind, hier einen Raum zu finden, wo sie alle möglichen Themen angehen können, aber zugleich auch einen christlichen Hintergrund finden.« Andererseits kämen aber auch Familien, die vor allem an dem jeweiligen Thema interessiert seien und die mit Kirche normalerweise wenig zu tun hätten. Doch die seien meist positiv überrascht, dass »Kirche auch so sein kann«. Vielleicht findet der eine oder die andere der Erwachsenen über die Kinder und die Akademie auch einen neuen Zugang zur Kirche, doch das Missionarische stehe keineswegs im Vordergrund, versichert Petra Steinberg-Peters: »Wenn wir die Absicht hätten, das mit Werbung für die Kirche unmittelbar zu verbinden, dann hätten wir schon verloren.« Die Kinderakademie – das sei vor allem das Interesse an den Kindern und das Interesse, Kinder ernst zu nehmen in dieser Gesellschaft.

Die Arbeit der Kinderakademie ist ein Beispiel dafür, dass sich einiges bewegt in der evangelischen Kirche. Auch in den in fast allen Hochschulstädten mittlerweile etablierten Kinderunis ist die Kirche mit religiösen Themen präsent.

Der Kindergottesdienst als Herzstück

Doch der Schwerpunkt der evangelischen Arbeit mit Kindern liegt immer noch im Kindergottesdienst. Bundesweit engagieren sich rund 60.000 Ehrenamtliche in der Kindergottesdienst-Arbeit. Knapp zehn Prozent der Kinder einer Gemeinde besuchen den Kindergottesdienst. Das hat zumindest eine Umfrage des evangelischen Gesamtverbandes für Kindergottesdienst ergeben. Dagegen liege die Beteiligung *aller* Kirchenmit-

glieder am Gottesdienst lediglich bei 4,8 Prozent. Stolz vermerkt der Gesamtverband, dass der Kindergottesdienst »die am besten besuchte, regelmäßig stattfindende Gottesdienstform« sei.
Albert Wieblitz, lange Jahre Leiter der Arbeitsstelle Kindergottesdienst in der hannoverschen Landeskirche, berichtet, dass in rund drei Viertel aller Kirchengemeinden seiner Landeskirche ein Kindergottesdienst stattfindet. »Sie sind ein Herzstück für die Gemeinde. Für viele Kinder bedeutet das Hören biblischer Geschichten im Kindergottesdienst und das Erleben gottesdienstlicher Gemeinschaft eine Art Erstbegegnung mit Kirche und mit Glauben.« Überall könne man beobachten, dass Kinder biblische Geschichten nicht mehr automatisch in der Familie hören und erfahren. Diesen Traditionsabbruch gebe es jetzt eigentlich schon in der zweiten Generation. Bereits die Eltern seien selbst nicht mehr so religiös sozialisiert worden, wie das früher selbstverständlich gewesen sei. »Umso wichtiger erscheint es mir, dass der Kindergottesdienst diesen Zugang zur Kirchengemeinde überhaupt eröffnet.«
In den vergangenen Jahrzehnten hat sich allerdings die Altersstruktur der Kinder verändert. Die Kids, die zum Kindergottesdienst kommen, werden immer jünger. Nicht selten trifft man hier viele im Kindergartenalter an. Die Folge: Die älteren Kinder, die über Neunjährigen, bleiben immer öfter zu Hause. Wie bei den Senioren für die so genannten Jungen Alten gibt es in einigen Gemeinden nun auch schon besondere Angebote für die »alten Jungen«: den »KIDSGO-Gottesdienst« für die 10- bis 13-Jährigen.
Und auch inhaltlich hat sich in den Kindergottesdiens-

ten einiges verändert. Der Gottesdienst ist keine Einbahnstraße mehr; die Ideen und Phantasien der Kinder sollen stärker berücksichtigt werden, sagt Albert Wieblitz. Seit Jahren gewinnt die so genannte Kindertheologie immer stärker an Bedeutung: »Das ist eigentlich jetzt erst richtig ins Bewusstsein gedrungen bei vielen Ehrenamtlichen, dass Kinder nicht nur die Empfänger sind von religiöser Sprache und von religiösen Gedanken, sondern auch die Sender; dass Kinder sehr wohl eigene Zugänge haben zu solchen großen Begriffen wie Gott.« Viele Erwachsene hätten mittlerweile gemerkt, dass sich die Perspektive verändern müsse: Kinder müssten als Gesprächspartner wirklich ernst genommen werden. »Wir sind in vielen Situationen nicht nur die Lehrenden, sondern auch die Hörenden.«

Neben dem Kindergottesdienst bieten viele Gemeinden auch noch Krabbel- und Familiengottesdienste sowie Kinderbibeltage oder -wochen an.

Im Gegensatz zu der evangelischen Kirche ist die katholische in ihrer Arbeit mit Kindern stärker traditionell geprägt. Der Kindergottesdienst spielt bei den Katholiken nicht so eine zentrale Rolle, dafür bieten sich Kindern in den Gemeinden ganz andere Möglichleiten. So das Engagement als Ministranten und – spätestens seit 1994 mit der Erlaubnis des Ortsbischofs – auch als Ministrantinnen (bundesweit rund 400.000 Kinder). Oder die Mitarbeit bei den Sternsingern zum Jahreswechsel bis zu den »Heiligen Drei Königen« am 6. Januar (rund 500.000), der Einstieg als Wölfling in der Pfadfinderschaft St. Georg oder in der wöchentlichen Gruppenstunde in der Pfarrei.

Das sind nur einige der Angebote für Kinder, und dennoch räumt Andreas Mauritz, der Präses des Bundes der Deutschen Katholischen Jugend ein, dass es nicht mehr ganz so einfach sei, Kinder für die kirchlichen Angebote zu begeistern. Dabei wolle er gar nicht alle Schuld auf Gameboy, Fernsehen oder Computerspiele abwälzen. »Kinder heute zu motivieren bedarf hoher Anstrengungen. Sie lassen sich auch für die Kirche interessieren, aber es ist mit mehr Aufwand verbunden.« Problematisch sei auch, dass die Kinder seltener über einen längeren Zeitraum bei einer Sache dabeibleiben würden. Florian Dallmann, Referent für Kinder- und Jugendpolitik bei der Arbeitsgemeinschaft der Evangelischen Jugend (aej), beschreibt ein weiteres Problem der kirchlichen Arbeit mit Kindern. Viele Kinder kämen gar nicht mehr zu bestimmten Angeboten, weil ihre Eltern sich das nicht leisten könnten oder sich nicht darum kümmern würden, dass die Kinder die Angebote wahrnehmen.

Während auf der einen Seite die Verantwortung für die eigenen Kinder abnimmt, scheinen auf der anderen Seite die elterlichen Ansprüche die Kinder manchmal zu überfordern. »Wir haben Kinder aus den Mittelschichten«, berichtet Florian Dallmann, »die haben mittlerweile in ihrer Freizeit am Nachmittag einen Stundenplan mit Musikschule, Nachhilfe und Sportangeboten, da bleibt für die kirchlichen Angebote nicht mehr viel Platz.« Bei so viel Freizeitstress fragt sich der evangelische Gesamtverband für Gottesdienst irritiert, »ob der Kindergottesdienst ihnen auch noch einen weiteren Teil der Zeit nimmt, die die Kinder eigentlich zum Spielen brauchen, Zeit, einfach so da zu sein«.

»Spuckt das P bis zum Klavier«

Am niedrigsten ist die Schwelle, Kinder für kirchliche Angebote zu gewinnen, in der Projektarbeit. Manchmal ist ein Projekt auch der Einstieg in eine längere Bindung. Zum Beispiel bei den Kindermusicals, die sowohl in der evangelischen als auch in der katholischen Kirche immer beliebter werden.

Seit drei Jahren veranstaltet Domkantor Stefan Mahr in der Hildesheimer Domgemeinde jährlich ein Kindermusical. Das sei in der katholischen Kirche schon eine kleine Gratwanderung, meint der 33-jährige Domkantor.

Man müsse darauf achten, ob ein Musical im Dom aufgeführt werden könne, ob die säkularen Elemente in ein sakrales Gebäude passten. Manches Musical gehöre nun mal eher in einen Konzertsaal oder in ein Theater. »Aber dadurch, dass wir ein kirchliches, ein biblisches Thema wählen für diese Musicals, ist schon einmal eine gewisse Sicherheit gegeben.« Und bislang habe es keine Probleme gegeben: Das Domkapitel, der Weihbischof und auch das Publikum hätten die Musicals des Kinderchores hervorragend angenommen, die stilistisch alles abdecken von Rock und Pop bis Boogie-Woogie.

Nun gehören die Kinderchöre seit Jahrhunderten zu den traditionellen kulturellen Angeboten der Kirchen. Doch der kirchliche Mädchen- oder Knabenchor ist kein Selbstläufer mehr. Da haben die Kindermusicals den Vorteil, dass die Schwelle vor allem bei den Eltern niedriger sei. Die Eltern würden vorrangig nur das Angebot des Musicals wahrnehmen, die Kirche sei da zweitrangig, sagt Stefan Mahr. »Manchmal hat man das

Gefühl, dass die Eltern erst, wenn sie hier in den Dom kommen, merken: Ach, da steckt ja die Kirche dahinter.« Doch das würde niemanden abschrecken, meint der Domkantor mit einem Lachen.
Rund 20 Kinder sind mittlerweile eingetroffen, um das Sommermusical einzustudieren. Nach dem ersten Einstimmen macht der junge Chorleiter kleine Spiele mit den Kindern, um die Konzentration für das Singen zu erhöhen. Stefan Mahr kann die sechs- bis zehnjährigen Kinder – vorwiegend Mädchen – eigentlich für jedes Lied begeistern. Der entscheidende Punkt sei, dass es bei den Kindern keine Barrieren gebe; auf die stoße man nur bei den Eltern. »Kinder sind grundsätzlich erst einmal offen. Kinder sind immer dann bereit, etwas zu machen, wenn es ihnen Spaß macht. Es ist dann letzten Endes egal, was es ist.« Die Frage, ob das Stück auch gerade angesagt sei, würden meist nur die Eltern stellen. Für die Kinder müsse es nur etwas sein, was ihnen im Innersten Freude bereitet. Wenn die Kinder das Gefühl hätten, sie mögen den Chorleiter, sie mögen die anderen Kinder, dann sei es für sie völlig egal, was sie singen. »Dann gibt es das Thema Mode und Trends überhaupt nicht.«
Derweil sollen sich die Kinder wie die Sklaven in Ägypten schinden. Sie singen: »Wir plagen uns den ganzen Tag und schleppen uns hier einen ab ....« – »Halt, halt«, ruft der Domkantor. »Ihr singt das ja so, als ob das Steine-Schleppen eine lustige Veranstaltung wäre. Und dann das P bei Plagen: Spuckt das P richtig heraus, dass ihr zur Not das Klavier bespuckt.« Die Kinder lachen und setzen noch einmal an. »Wir plagen uns den ganzen Tag und schleppen uns hier einen ab ...« Diesmal plagen sie sich richtig.

Natürlich kommen viele der knapp 100 Kinder, die in den verschiedenen Chören der Hildesheimer Domkantorei singen, aus einem kirchlich geprägten Elternhaus. Doch Stefan Mahr hat auch die Erfahrung gemacht, dass selbst Eltern, die sonst mit der Kirche wenig zu tun haben, gerade der kirchliche Charakter wichtig sei. Viele Eltern seien – trotz ihrer Ferne zur Kirche – dennoch der Meinung, dass hier ein guter Geist herrsche: »Dieses christliche Werteschema, das bei uns nicht von oben übergestülpt wird, sondern was einfach im Hintergrund immer mitläuft.« Eine Jahrtausende alte Corporate Identity.
An diesem Nachmittag leitet der Domkantor nach dem Kinderchor, der ja für das Sommermusical übt, auch die Probe des Mädchenchores – rund 30 Mädchen zwischen 12 und 18 Jahren. Viele Kinder, die erst einmal nur beim Sommermusical mitsingen wollten, sind dann im Mädchen- oder im Knabenchor geblieben, auch wenn die Ansprüche hier ganz andere sind. Aber sie werden von den Kindern und Jugendlichen akzeptiert: »Jedes Angebot wird angenommen, das die Kinder fordert und fördert. Und die Kinder akzeptieren die klaren Regeln, weil sie die Erfahrung machen, dass es innerhalb dieser Regeln sehr angenehm ist und hier eine gute Atmosphäre herrscht.« Der Chor biete Verlässlichkeit, aber er verlange auch Verlässlichkeit, beschreibt der Domkantor die Philosophie der Chorarbeit. »Es müssen alle in die gleiche Richtung arbeiten, sonst klappt das Ganze nicht. Und das ist etwas, was den Kindern hundertprozentig auch im späteren Leben weiterhilft.«

Der KÜV kommt

Etwas Anderes, was den Kindern im späteren Leben weiterhelfen soll, sind die Partizipationsprojekte der kirchlichen Kinder- und Jugendarbeit. Die Kinder sollen am Leben der jeweiligen Kirchengemeinde beteiligt werden, sollen mitreden und mitentscheiden dürfen. Ein Beispiel dafür: der KÜV. »Das ist der Kirchliche Überwachungsverein. Nicht zu verwechseln mit dem TÜV, obwohl es da einige Ähnlichkeiten gibt«, sagt Elke Kaika vom Jugendamt der evangelischen Kirche von Westfalen im Haus Villigst. Seit 2001 untersuchen Kindergruppen, wie kinderfreundlich ihre Gemeinde ist. Ausgerüstet mit einem Check-Heft mit dem Titel »Der KÜV kommt« wird die Gemeinde genauestens überprüft: Beim Räume-Check (wie viel Platz gibt es für die Kinder in der Gemeinde?), beim Feten-Check (werden die Kinder an Gemeindefesten und anderen Veranstaltungen beteiligt?), beim Erwachsenen-Check (wie gehen die Mitarbeiter und Ehrenamtlichen mit den Kindern in der Gemeinde um?) und beim Geldcheck (gibt es genügend finanzielle Mittel für die Arbeit mit Kindern?).

Im ersten Jahr des KÜV haben sich 500 Kinder an der Aktion beteiligt. Insgesamt wurden im Westfälischen 21 Gemeinden und Kirchenkreise durchgecheckt. Besonders heikel: der Gottesdienst-Check. Hier fiel das Urteil in den untersuchten Gemeinden nicht so positiv aus. Die Musik im Gottesdienst war den befragten Kindern oft »zu langsam«, die Orgel »zu langweilig«. Einige der Kinder plädierten für eine Band, damit sie »öfter mal poppige Musik« in der Kirche hören könnten. Und auch der Predigt konnten die meisten Kinder nicht so viel abgewinnen. Insgesamt war vielen der Gottesdienst »eher zu lang«.

Das Amt für Jugendarbeit der westfälischen Landeskirche hat für das erste KÜV-Jahr eine Auswertung vorgenommen. Trotz der kritischen Anmerkungen erhielten von den 21 »überwachten« Gemeinden und Kirchenkreisen sieben Gemeinden bedenkenlos die Plakette mit dem Aufdruck: »Kinder willkommen – KÜV geprüft«. In 14 Gemeinden stießen die Kinderprüfer auf erhebliche Mängel, vergaben aber dennoch die Plakette. Dass der Check insgesamt recht positiv ausfiel, führt Elke Kaika darauf zurück, dass nur Gemeinden untersucht wurden, die schon eine aktive Kindergruppe hatten.

Alle zwei Jahre veranstaltet das Amt für Jugendarbeit der westfälischen Landeskirche einen Kindergipfel für die Sechs- bis Zwölfjährigen, und vor jedem Kindergipfel startet wieder die KÜV-Aktion. Elke Kaika über die Ziele und Wünsche der beteiligten Kinder: »Sie wünschen, ernst genommen zu werden, gehört zu werden und im Rahmen ihrer Möglichkeiten beteiligt zu werden. Sie wünschen auch, dass die Erwachsenen wissen, was in den Kindergruppen läuft und die Erwachsenen wissen, dass die Kinder zur Gemeinde gehören und dass Kinder Kirche sind.«

Der KÜV ist ein Beteiligungsprojekt; doch woran es in fast allen evangelischen Gemeinden hapert, ist die Beteiligung der Kinder am Abendmahl. Hierzu vermerkt der Gesamtverband für Kindergottesdienst in der EKD: »Obwohl in den Landeskirchen schon seit vielen Jahren die Teilnahme von Kindern am Abendmahl rechtlich möglich ist, sprechen die Zahlen eine eindeutige Sprache. Die überwiegende Zahl von Gemeinden lassen Kinder zum Abendmahl nicht zu. (...) Diese Praxis entspricht nicht der biblischen Überlieferung und verstößt gegen elementare pädagogische und psychologische Grundüberzeugungen im kirchlichen Handeln. Die Praxis muss sich grundlegend und schnellstens ändern.«

»Was ist beschnitten?«

Ein boomendes Feld kirchlicher Arbeit mit Kindern ist die Kirchenpädagogik. In nahezu allen größeren Städten gibt es Angebote von Gemeinden und Kirchenkreisen, vor allem mit Kindern und Jugendlichen die Gotteshäuser vor Ort sinnlich zu erforschen. Die Kirchenpädagogik hat sich im Zusammenspiel von religions- und museumspädagogischer Bildungsarbeit entwickelt. Eine besondere Variante hat sich die Osnabrücker Marienkirche einfallen lassen. Hier wurden die ersten Kinderkirchenführer ausgebildet: die zwölfjährigen Frederik-Bengt und Julian, die anderen Kindern die Geheimnisse des Gotteshauses nahe bringen.
Heute hat sich die vierte Klasse einer Grundschule im hinteren Teil der Osnabrücker Marienkirche um die beiden Jungs versammelt. Jedes Kind bekommt eine Kerze geschenkt, darf sie anzünden und in den Kerzenglobus, eine offene Metallkugel mit vielen Kerzenhaltern, stecken. »Hier kommen oft Leute hin und zünden Kerzen an«, erläutert Frederik-Bengt. »Wenn zum Beispiel eine Großmutter gestorben ist oder jemand krank ist. Beim Anzünden kann man sich was wünschen.« Nacheinander holen sich alle Schülerinnen und Schüler eine Kerze und zünden sie an. Reihum äu-

ßern sie ihre nicht immer so frommen Wünsche. »Ich zünde die Kerze für gute Zeugnisse an. – Ich habe sie angezündet, weil der VfL Osnabrück einen neuen Spieler bekommen hat, und ich hoffe, dass der richtig gut spielt. – Frieden auf Erden. – Ich für meine Oma, die ist tot. – Dass meine kleine Schwester wieder gesund wird. – Für mein Meerschweinchen. – Dass die Welt Licht bekommt und froher ist.«

Die nächste Station der Kinderkirchenführung ist das Taufbecken. Hier weisen Frederik-Bengt und Julian auf die filigranen Steinmetzarbeiten hin, die verschiedene biblische Szenen darstellen: »Das hier zeigt eine Beschneidung. Das ist ein Ritual bei den Juden. Jesus war ja auch Jude. Deshalb dieses Ritual nach der Geburt.« Doch bevor Frederik-Bengt zu dem nächsten Relief kommen kann, meldet sich Julia: »Was ist beschnitten?« Der zwölfjährige Kinderkirchenführer wird verlegen und kommt ins Stocken. »Ja, also, hmm, erzähl du mal.«

Nun soll Julian erklären, was eine Beschneidung ist: »Das ist ein Ritual. Das feiert man heute nicht mehr so. Das ist für die Juden etwas Wichtiges. Wir machen das mit der Taufe. Die werden dann beschnitten mit dem Messer, wenn die noch ganz jung sind. So, dann können wir mal die nächste Geschichte anschauen.«

Dass bei dem Ritual ein Teil der Vorhaut des männlichen Glieds beschnitten wird, hat Julia zwar immer noch nicht erfahren, aber sie besteht auch nicht auf weiteren Erklärungen.

Seit eineinhalb Jahren sind Frederik-Bengt und Julian nun schon als Kinderkirchenführer aktiv. »Ich habe mich immer für Geschichte interessiert, und dann bin ich auch mal mitgekommen zu Führungen. Das fand ich ganz interessant und dann hatte ich Lust dazu, diese Ausbildung zum Kinderkirchenführer zu machen«, erzählt Frederik-Bengt. Und Julian ergänzt: »Wenn die Kirchen alt sind, dann kann man forschen, wie das früher war. Das ist dann richtig interessant, wenn man sich da vertieft.« Besonders spannend war für die beiden, als sie bei ihrer Expedition durch das Gotteshaus einen alten Geheimgang entdeckten, dessen Eingang versteckt hinter der Orgel lag und über eine enge Wendeltreppe zu einer Empore hoch über der Orgel führte.

Rüdiger Blomeyer, Leiter des Osnabrücker Arbeitskreises Kirchenpädagogik, hatte die Idee, die Kinder selbst zu Kirchenführern auszubilden. Die ungewöhnlichen Kirchenführungen stoßen auf ein großes Interesse, zumal die Schulen ja immer mehr bemüht sind, den Kindern außerschulische Lernorte anzubieten. Rüdiger Blomeyer hat auch erfahren, dass gerade die Kinderkirchenführer gut ankommen: »Ich sehe den Vorteil darin – und das sagen auch viele Lehrer –, dass die Kinderkirchenführer die Sprache der Kinder sprechen. Immer wieder sind die Lehrer positiv überrascht, wie aufmerksam die Kinder den Kinderkirchenführern zuhören.« Und die Kinder fänden das auch oft bewundernswert, wenn sie Gleichaltrige sehen, die sich so ein Wissen angeeignet haben: das sei für sie auch ein Ansporn mitzumachen. Das sehen die zehnjährigen Hendrik, Gina und Julia auch so: »Kinder als Kirchenführer können sich besser in die Lage anderer Kinder versetzen; Erwachsene können das nicht so gut, weil die nicht so denken können wie die Kinder. Wenn das Kinder machen, dann wissen die auch, wann es den anderen Kindern zu langweilig wird.« – »Kinder machen halt mehr Späße, und Erwachsene sind immer so langweilig.« – »Ich finde es super. Mit Erwachsenen ist das meistens nicht so spannend.«

Nach einer kleinen Frühstückspause geht es weiter im Programm der Kinderkirchenführung: »Wir wollen jetzt die Höhe der Kirche ausmessen. Habt ihr Ideen, wie man das machen kann?« fragt Frederik-Bengt die Schülerinnen und Schüler. Die Kinder entwickeln schnell ihre eigenen Vorstellungen. »Wir können uns übereinander stellen«, schlägt ein Junge vor. »Oder die Steine abmessen und zählen, wie viele hier übereinander gemauert sind.« – »Oder eine Leiter besorgen und hochsteigen.« »Einen Gasluftballon nach oben steigen lassen.« »Ja, ein Gasluftballon«, ruft Julian begeistert. »Das ist richtig. Ihr seid die erste Klasse, die es erraten hat.« Frederik-Bengt und Julian zaubern hinter einer Säule einen Gasluftballon hervor. Doch bevor der hochsteigt, müssen die Kinder zuerst schätzen, wie hoch die Kirche ist. Von zehn bis 84 Meter wird da so ziemlich alles geschätzt. Dann lassen mehrere Kinder abwechselnd den Gasballon an einer langen Leine langsam Richtung Decke schweben. Als er das Kirchengewölbe erreicht hat, wird unten die passende Stelle an der Schnur markiert. Nun wird der Ballon wieder runter geholt und die Länge der Schnur ausgemessen. »18, 19, 20, 21 Meter!«

In den beiden großen Kirchen hat sich in den vergangenen Jahren einiges bewegt, wenn es um die Arbeit mit Kindern geht. Zumindest denjenigen Pfarrerinnen und Pfarrern, Diakoninnen und Pastoralreferenten sowie den zahlreichen Ehrenamtlichen, die sich der Arbeit mit Kindern widmen, ist klar, dass die Kirche immer stärker in Konkurrenz steht zu anderen Anbietern

und natürlich zu den Medien – vom Fernseher über Game Boy und Play Station bis zu den Computerspielen.
1994 hatte sich die Synode der Evangelischen Kirche in Deutschland mit dem Schwerpunktthema »Aufwachsen in schwieriger Zeit – Kinder in Kirche und Gesellschaft« befasst und dort beschlossen, sich intensiver den Kindern in der Gemeinde zu widmen. Zwölf Jahre danach zieht Florian Dallmann, Referent für Kinder- und Jugendpolitik bei der Arbeitsgemeinschaft der Evangelischen Jugend in Deutschland, eine zwiespältige Bilanz: »Auf der einen Seite muss man feststellen, dass sich unheimlich viel getan hat. Es sind Arbeitsbereiche mit Kindern neu geschaffen worden, auch mit den entsprechenden Stellen, und das hat einen unglaublichen Schub gegeben. Auf der anderen Seite stellen wir aber auch fest, dass eine wirklich breite Akzeptanz von Kindern und der Arbeit mit Kindern in den Gemeinden als zentrale Arbeitsform noch lange nicht überall gegeben ist. Vor allem stellen wir jetzt fest, wo die Gelder in der Kirche doch merklich knapper werden, dass genau die Finanzen für die Arbeit mit Kindern stark hinterfragt werden und dass das dann oft die Arbeitsbereiche sind, die hinten runterfallen.«
Trotz vieler Fortschritte in der kirchlichen Arbeit mit Kindern in den vergangenen zehn, 15 Jahren – eine richtig starke Lobby haben die Kinder auch in der Kirche (noch) nicht.

Literaturempfehlungen

Birgit Neuman, Antje Rösener, Martina Sünder-Gaß: Kirchenpädagogik. Kirchen öffnen, entdecken und verstehen, Gütersloh ²2003
(Ein Praxisbuch für die kirchenpädagogische Arbeit mit Erwachsenen, Jugendlichen und Kindern)

Margarete L. Goecke-Seischab, Frieder Harz: Komm, wir entdecken eine Kirche, München 2001
(Das Buch ermöglicht Kindern einen sehr konkreten Zugang zu Religion: durch praktisches Erleben des Gotteshauses.)

Manfred Hilkert: Kindergottesdienst praktisch – Mit Kindern Glauben feiern und verstehen, Gütersloh 2006
(Eine bewährte Arbeitshilfe und Fundgrube für alle, die Kindergottesdienste vorbereiten und organisieren.)

Matthias Spenn, Rainer Brandt, Mike Corsa (Hg.): Evangelische Kinder- und Jugendarbeit im Perspektivenwechsel, Münster 2005
(1994 befasste sich die Synode der Evangelischen Kirche in Deutschland mit dem Schwerpunktthema »Kinder in Kirche und Gesellschaft«. Die Beiträge des Buches ziehen ein Fazit, was sich seither in der Kinder- und Jugendarbeit der evangelischen Kirche verändert hat, was von den Beschlüssen umgesetzt wurde.)

Angelika Schmidt-Biesalski

Mein Freund Gott

Was Kinder in der Bibel entdecken

»Wir sind unseren Kindern die Geschichten der Freiheit und der Rettung des Lebens schuldig. Die Moral folgt dann von selbst«, so fasst Fulbert Steffensky seine Überlegungen zum Thema dieses Buches zusammen. Es sind die großen Bilder und Erfahrungen des Glaubens, in den Mythen und Geschichten, den Gebeten und Liedern der biblischen Bücher gesammelt und von Generation zu Generation weitergegeben. Nicht für Kinder geschrieben, aber immer auch Kindern erzählt. Denn wie Kinder ein Recht haben, Lesen und Schreiben, die Techniken der Kultur, in die sie geboren sind, zu lernen, so haben sie auch ein Recht, die Traditionen der dazugehörigen Religion kennen zu lernen.

Erst 1455, nachdem Johannes Gutenberg die Druckkunst erfunden hatte, wird die erste Bibel gedruckt, bereits zwei Generationen später gibt es die erste Bibelbearbeitung, die explizit auch für Kinder gedacht ist. Martin Luther ergänzte sein »Betbüchlein« durch ein »Passional«, »allermeist um der kinder und einfältigen willen, welche durch Bildnis und Gleichnis besser bewegt werden, die Göttlichen geschichten zu behalten, denn durch blosses wort oder lehre ...« Das Passional war eine Auswahl biblischer Texte, der eine klare theologische Überzeugung und Absicht zugrunde lag. Bis heute wird eine Bibel für Kinder unter dieser Prämisse zusammengestellt oder neu geschrieben. Aber ging es bei Luther noch ums Behalten und Lernen, so geht es

heute um Verstehen, um Antworten und um Ver-Antwortung.
Immer noch werden neun von zehn Kindern getauft, wenn zumindest Vater oder Mutter einer christlichen Kirche angehört (für ein Drittel aller Neugeborenen trifft das nicht mehr zu), und bei der Taufe verpflichten sich die Eltern immerhin, das Kind im christlichen Glauben zu erziehen. Auch wenn viele Eltern gar nicht wissen, was das bedeutet und wie sie das machen sollen, stellen die Kinder doch bald Fragen, die – ernst genommen – schwer zu beantworten sind. »Warum ist mein Hamster tot, und was passiert, wenn ich sterbe? – Wer hat die Welt gemacht? – Was bedeutet der Mann da am Kreuz? – Wozu gibt es Kirchen und was machen die Leute dort? – Wer ist eigentlich Gott?«
Nicht nur Eltern sind oft ratlos, sondern auch Großeltern, die inzwischen der Nachkriegsgeneration angehören, denn auch in ihrem Leben hat Religiosität zumeist keine oder nur eine untergeordnete Rolle gespielt.
Dennoch machen sich auch Eltern, die sich selbst nicht als religiös bezeichnen, gar nicht selten Gedanken, ob sie ihren Kindern nicht Wichtiges vorenthalten, aber sie sind unsicher und verzichten oft lieber auf »religiöse Erziehung«, als vielleicht Fehler zu machen. Eine Kinderbibel kann dann zunächst eine Hilfe für die Eltern sein. Und so ist wohl auch vor allem die Flut an neuen Kinderbibeln seit etwa zehn Jahren zu verstehen. An die 200 für Kinder und Jugendliche gedachte und gestaltete Bibelausgaben stehen derzeit zur Auswahl, die Qualitätsunterschiede sind groß. Das betrifft auf den ersten Blick Ausstattung und Illustrationen, vor allem aber und ganz entscheidend den Inhalt.

Für manchen wird das überraschend oder erstaunlich sein, denn Bibel ist schließlich Bibel, denken viele. Für die »normale« Bibel mag das noch einigermaßen stimmen, obwohl verschiedene Übersetzungen die Texte auch sehr unterschiedlich klingen lassen können, bei Bibeln für Kinder und Jugendliche sind die Unterschiede ganz erheblich. Das hängt einerseits mit der Vorstellung der Autoren zusammen, was »kindgerecht« sei, aber noch viel mehr mit ihrer theologischen Überzeugung und der damit verbundenen pädagogischen Absicht. Beides kann durchaus zu buchstäblich verheerenden Ergebnissen führen.

Großeltern, Paten, Eltern, die eine Kinderbibel aussuchen wollen, mögen nun resignierend entgegnen: »Wie sollen wir das als Laien denn überhaupt beurteilen? Wir wissen ja selber kaum, was in der Bibel steht.« Aber es ist gar nicht so schwer, wenn man sich zunächst klar macht, was eine »gute« Kinderbibel leisten soll, wofür sie da ist.

Rainer Oberthür, selber Verfasser einer vor zwei Jahren erschienenen »Bibel für Kinder und alle im Haus«, erklärt das seinen jungen Lesern so: *»Warum gibt es eine Welt? Woher kommt sie? Warum gibt es mich? Woher komme ich? Das fragst du dich wie jeder Mensch auf dieser Erde. ... In der Bibel geht es ständig um solche Fragen. Schon damals haben die Menschen sich Fragen gestellt und nach Antworten gesucht. Und du wirst sehen: In den alten Geschichten stehen Fragen und Antworten, die gar nicht alt sind. Sie sind immer so neu wie die Menschen, die sie lesen und darüber nachdenken, zu ihrer Zeit und an ihrem Platz auf der Erde. Denn wer die Bibel liest, findet sich selbst darin. Du wirst etwas Spannendes entdecken: Du liest das Buch –*

das ist normal – und zugleich liest das Buch dich – das ist ungewöhnlich! Das Buch sagt dir etwas über dich und andere. Es kann dir das Leben und die Welt erklären – wenn du es möchtest, wenn du die Worte und Geschichten an dich herankommen lässt, wenn du darüber nachdenkst und sie mit deinem Leben zusammenbringst ... Die Bibel-Bibliothek enthält viele Bücher und Stimmen, die nacheinander, nebeneinander und durcheinander, manchmal gegeneinander, dann wieder miteinander reden. Doch immer fließen die vielen Stimmen zu einer Stimme zusammen, zu der Stimme des EINEN. Wir hören Gottes Stimme und erfahren und erkennen, wer der Ursprung aller Worte ist: der Worte, die wir hören, und der Worte, die wir sprechen. So tritt nun in die Bibel wie durch eine Tür ...«

Gottes Stimme – oder: Wie Gott ist

Es geht um die großen Bilder und Erfahrungen des Glaubens. Wie sie den Kindern vermittelt werden, das ist sicher das wichtigste Kriterium zur Beurteilung einer Kinderbibel. Was Kinder hier über Gott lernen, prägt nicht nur ihre kindliche Vorstellung, sondern oft auch ihren erwachsenen Glauben oder Unglauben.
Zwischen dem »lieben (Kuschel-)Gott« und dem Polizisten-Gott, mit dem Tilman Moser in seinem Buch »Gottesvergiftung« abrechnet, liegen buchstäblich theologische Welten.
Nun muss man nicht ganze Kinderbibeln lesen, um etwas über das dort vermittelte Bild von Gott zu erfahren, es genügt oft schon, eine kleine Geschichte in verschiedenen Kinderbibeln zu vergleichen: eine Ge-

schichte vom Anfang der Welt, die erklären will, warum die Menschen so miteinander umgehen wie sie es tun; eine Geschichte von Gott und den Menschen; die Geschichte von Kain und Abel; sie fehlt in keiner Kinderbibel und fordert deren Autorinnen und Autoren offenbar unwiderstehlich zur Interpretation heraus. So ist sie ein wahrer Prüfstein für deren Qualität.
In Herders Kinderbibel geht die Geschichte so: *Eines Tages wollten Kain und Abel Gott auf dem Feld ein Dankopfer bringen, wie sie es von den Eltern gelernt hatten. Kain suchte hastig ein paar Steine zusammen und legte feuchtes Reisig darauf. Er nahm eine Hand voll Korn und einige Früchte, die schon angefault waren. Dann rieb er mit einem Feuerstein und etwas Hanf die Flamme an. Da kam ein starker Wind auf, der blies den Rauch über das Feld und löschte das Feuer.*
Abel jedoch baute einen schönen Altar. Er suchte trockenes Feuerholz. Dann schlachtete er das schönste von seinen neu geborenen Lämmern und opferte es auf dem Altar. Er kniete nieder und betete und dankte Gott für alles, was er ihm geschenkt hatte. Für seine Eltern, seinen Bruder und für seine jungen Lämmer. Der Rauch des Opferfeuers stieg senkrecht in den Himmel. Das bedeutet, dass Gott das Opfer gefiel.
So gut wie nichts von dem, was diese Kinderbibel erzählt, steht im biblischen Text. Aber die Kinder sollen etwas lernen: Nachlässigkeit und Desinteresse zahlen sich nicht aus. Und (der liebe) Gott schaut da schon genau hin.
Dankbarkeit dagegen – für die Eltern, den Bruder, die Lämmer – und Opferbereitschaft, das zahlt sich bei Gott aus. – Selbst wenn es einen schließlich das Leben kostet! Wer etwas leistet, wer sich den Erwartungen

angepasst verhält, der wird belohnt. Nicht nur von Eltern und Lehrern, sondern auch von Gott.
Dass der wunderbar fromme Abel vielleicht auch seinen Bruder provoziert haben könnte, dass bei Kain einfach »eine Sicherung durchgebrannt« sein könnte, das habe ich in keinem der kommentierten und interpretierten Texte gefunden. Stattdessen heißt es in einer zweiten, ebenfalls bei Herder erschienenen Kinderbibel mit dem Titel: »Die Bibel in 365 Geschichten erzählt«: *Eines Tages beschlossen die beiden jungen Männer, Gott Opfer darzubringen. Kain brachte ein Bündel reifes, goldgelbes Getreide aus seinem Erntefeld dar. Abel opferte ein neugeborenes Lamm aus seiner Herde. Gott, der Herr, schaute auf die schönen Geschenke und betrachtete dann die beiden Brüder. Er sah, was für Menschen sie waren: Abel liebte ihn und vertraute ihm, deshalb nahm Gott Abel und sein Opfer an. – Kains Opfer aber wies Gott zurück, denn Kain war hartherzig, stolz und selbstsüchtig.*
Und was lernen Kinder, wenn sie diese Geschichte lesen? Sie lernen, dass es gewiss das Verdienst ihrer Gott-wohlgefälligen Familie ist, dass es ihnen allen so gut geht, dass sie gesund und wohlhabend sind. Es muss ja schon einen Grund haben – Kain war schließlich hartherzig, stolz und selbstsüchtig –, dass es bei den Nachbarn zur Zeit nur Unglück gibt – die Mutter krank, der Vater arbeitslos und der Sohn ist gerade in der Schule sitzen geblieben. Dem pädagogischen Konzept entsprechend, endet diese Geschichte denn auch mit Kains Verfluchung durch Gott.
Dass man in einer Bibel für Kinder diese Geschichte auch ganz anders kommentierend erzählen kann, zeigt Rainer Oberthür in seiner »Bibel für Kinder und alle

im Haus«. Hier liest sich die Geschichte so: *Kain und Abel wollten Gott gefallen, von Gott angesehen, geliebt und behütet werden. Und sie wollten Gott für alles Gute im Leben danken. So geschah es nach einiger Zeit, dass sie Gott ein Opfer gaben, jeder sein eigenes. Kain brachte eine Gabe für Gott von den besten Früchten des Ackerbodens, Abel schenkte Gott das Beste von den Jungtieren. Und Gott schaute auf Abel und seine Gabe, auf Kain und seine Gabe aber schaute Gott nicht.*

Warum geschah das so? Warum schaut Gott nicht auf mich?, dachte Kain. Hat Gott Abel lieber als mich?, fragte er sich. Warum geht es anderen besser als mir?, fragte er. Kain wusste es nicht, bis heute weiß es keiner.

Eng am biblischen Text wird die Geschichte nun weiter erzählt und nur einmal noch vorsichtig kommentiert. *Und Gott machte an Kain ein Zeichen, damit ihn niemand erschlüge. So war Gott dennoch bei ihm, als Kain wegging aus der Nähe und dem Angesicht Gottes in das Land Nod, das heißt: Land ohne Ruhe. Das war weit entfernt vom Leben im Paradies. So wird es erzählt, bis heute.* Und – das ist die Botschaft des vor zweieinhalbtausend Jahren niedergeschriebenen Textes – niemand ist bis heute von Gott verlassen.

Die »Kinder und alle im Haus«, die in dieser Bibel lesen, lernen einen Gott kennen, der zwar immer wieder unbegreiflich und manchmal dunkel ist, aber der doch niemanden verlässt oder verstößt. So kann der Kinderglaube mit erwachsen werden, so können nicht nur Kinder, sondern auch Erwachsene sich mit den biblischen Geschichten beschäftigen und auseinander setzen. Denn, so hat eine neuere Studie zur religiösen Erziehung ergeben, »nur diejenigen Jugendlichen, die sich an ein positives Gottesbild in ihrer Kindheit erinnern, scheinen sich selbst als gläubige Personen zu verstehen, bzw. man kann ihnen eine positive religiöse Entwicklung zuschreiben.«

Das heißt aber nicht, dass in einer Kinderbibel auf alle Geschichten verzichtet werden sollte oder gar müsste, in denen Gott fern, unverständlich oder sogar grausam zu sein scheint. Auch diese Geschichten können so erzählt (und kommentiert) werden, dass sie nicht Angst machen, sondern Lebenshilfe sein können. Das Elend dieser Welt, von dem die meisten Kinder heute mehr wissen als alle Kinder früherer Generationen, ist kein Beweis gegen Gott. Vielmehr ist Gott gerade auch im Elend da, wenn auch vielleicht verborgen. Nach der Lektüre der Hiob-Geschichte in seiner Kinderbibel schreibt der zehnjährige Lukas: »Die erste Geschichte, die ich gelesen habe, war Ijob. Am Anfang war sie schwer und unverständlich für mich. Nach weiterem Lesen wurde mir alles verständlicher. Ich wurde geübter und bin hineingewachsen. Dann fand ich die Geschichte spannend, schön ausgedrückt und die Schrift war gut lesbar ... Ich habe dann alle Geschichten von Josef und einige von Jesus gelesen, aber am interessantesten fand ich Ijob, weil er trotz aller Plagen immer noch zu Gott gehalten hat. Die Bibel gibt viel zum Nachdenken über mein Leben.«

Für Kinder »geeignet«

»Mit Gott unterwegs – Die Bibel für Kinder und Erwachsene neu erzählt«, von Regine Schindler 1996 vorgelegt, dürfte die erste Kinderbibel sein, die auch die

Geschichte von »Ijob in seiner Not« enthielt. Die Autorin hatte lange darum kämpfen müssen, denn gerade dieses Buch der Bibel galt als für Kinder »nicht geeignet«. Und gerade auf diese Geschichten bekam sie im Laufe der Zeit besonders intensive Reaktionen von Kindern. Kinder erfahren Leid oft viel unmittelbarer und intensiver als Erwachsene und fragen deshalb auch anders als Erwachsene nach dem Warum.

Die Kriterien dafür, was für Kinder »geeignet« ist, haben sich besonders in den letzten Jahren geändert. Nicht mehr die pädagogische Nutzanwendung steht im Vordergrund, sondern die Bedürfnisse der Kinder und das Bestreben, der »biblischen Botschaft« gerecht zu werden. Die findet sich aber nicht nur in den Erzählungen der Bibel, sondern auch bei den Propheten, in Psalmen und Weisheitsbüchern und in den gesammelten Briefen des Neuen Testaments. Es kommt auf Auswahl und Vermittlung an, damit die Texte »kindgerecht« werden.

Das kann freilich nicht heißen, dass biblische Texte den Kindern als Tatsachenberichte »verkauft« werden, denn jedes Kind weiß zum Beispiel inzwischen, dass die Welt nicht in sieben Tagen erschaffen wurde. Es geht also darum, den Kindern die Botschaft dieses uralten Mythos nahe zu bringen, dass Gott seine Schöpfung gewollt hat und auch erhalten will.

Der neunjährige Tobias hat das verstanden: »Mir gefällt am besten die Schöpfungsgeschichte... Die Menschen sollen herrschen, aber gerecht zu den Tieren sein. Gott will, dass die Menschen nicht das zerstören, was er geschaffen hat. Er vertraut den Menschen die Erde an, er glaubt an die Menschen. Gott wäre mit der Welt heute nicht zufrieden. Auf der Welt haben alle Lebewesen Platz, Gott hat für jeden einen bestimmten Platz ausgesucht ... Gott will, dass wir an dem heiligen Tag (Sonntag) an ihn denken, wie er die Welt für uns erschaffen hat und dass wir nachdenken, wie wir mit der Welt umgehen ...«

Die Bibel neu erzählen

»Die in der Bibel gespeicherten Gotteserfahrungen sind wie Viren, die sowohl latent bleiben als auch virulent werden können. Wenn sie virulent werden sollen, dann müssen sie so nacherzählt werden, dass sie zu möglichen Antworten auf die Fragen unserer Geschichte und Zeit werden. Was aber heißt dies anders, als dass die in der Bibel gespeicherten und durch kirchliche Überlieferung an uns gelangten Gotteserfahrungen nicht nur *nach-* sondern auch *weiter-* und sogar *neu* erzählt werden müssen.« Diese Überlegung stammt von Dietrich Steinwede, der seit Anfang der siebziger Jahre eine große Anzahl biblischer Geschichtenbücher für Kinder veröffentlicht hat.
Regine Schindler, Autorin vieler Bibel-Bilderbücher, ist nicht die einzige, die sich für ihre Kinderbibel die Aufforderung zum Weiter- und Neuerzählen zu eigen gemacht hat, aber sie ist eine der ganz wenigen, die das auf ernst zu nehmende Weise und mit großer Verantwortung getan hat. »Mit Gott unterwegs – Die Bibel für Kinder und Erwachsene neu erzählt« enthält 48 Geschichten aus dem Alten Testament und 39 aus dem Neuen Testament. Sie sind anschaulich und oft aus einer überraschenden Perspektive erzählt, die Sintflut-Geschichte zum Beispiel aus der Sicht von Noahs En-

keln, die Geschichte von Jesu Kindersegnung erleben Mirjam und ihre Mutter ganz hautnah. Aber es sind dennoch keine Phantasie-Geschichten geworden, sondern die »in sich geschlossenen Erzählungen beruhen je auf einer erzählerischen Idee, die sich aus einer ausführlichen Beschäftigung mit dem Bibeltext und den Kommentaren ergab: dies war erst möglich, wenn die Exegese der Geschichte völlig zum Bestandteil meines Denkens geworden war und sich so mit meinen eigenen Gefühlen zur betreffenden Geschichte verbunden hatte, dass sie nicht mehr blockierende Kontrollinstanz beim Erzählen war, sondern vor allem Sicherheit verlieh«, erinnert sich Regine Schindler an die jahrelange Arbeit. Herausgekommen ist ein Bibel-Geschichtenbuch, das wunderbar zum Vorlesen geeignet ist, und das ist kein Zufall. »Das Schreiben des Textes beanspruchte ein Mehrfaches der vorausgesehenen Zeit«, erinnert sie sich, »es war die *Sprache*, um die und mit der ich leidenschaftlich kämpfte. Sie sollte melodisch und kindgemäß, aber doch dem biblischen Ton nahe sein, gleichzeitig meine eigene Sprache, jene der Bibel und jene des Kindes – lässt sich dies vereinen? Beim Vorlesen vor Kindern und Erwachsenen testete ich diese Sprache immer wieder neu im Hinblick auf ihre Verständlichkeit, ihre Dichte, ihre Poesie …«
Auf ganz andere Weise poetisch und neu als Regine Schindler erzählt Martina Steinkühler, Kinderbuchautorin und Theologin, das Alte und das Neue Testament den Kindern. Ihre 2005 erschienene zweibändige Kinderbibel ist auf ihre Weise wohl die ungewöhnlichste, die zurzeit auf dem Markt ist. Sie erzählt die biblischen Geschichten ganz und gar in gebundener poetischer Sprache, jeweils ergänzt nur durch einzelne – farblich

und im Druck abgesetzte – Verse aus dem Original-Bibeltext. Auch die Umsetzung des theologischen Konzepts ist neu. Die »Gute Nachricht« beginnt damit, dass der Jude Paulus auf den Messias wartet und zu einem Osternacht-Gottesdienst der ersten Christen mitgenommen wird. Hier hört er mit der ganzen Gemeinde die immer wieder vom Oster-Ruf »Jesus ist auferstanden ….« unterbrochene Passionsgeschichte.
»Wer Kinder mit Jesus bekannt machen will«, begründet Martina Steinkühler ihre Entscheidung in einem kurzen Vorwort, »darf nicht stehen bleiben bei dem netten Mann aus Nazareth, der geflügelte Worte spricht, erbauliche Geschichten erzählt und gut ist zu Armen und Kranken ... Kreuz, Grab und Auferstehung – zu sperrig, zu schwer zu düster? Die ersten Christen wussten, wie man damit umgeht: Im warmen Licht der Ostersonne, geborgen in seiner Liebe, vertrauen wir darauf, dass die ›Schlüssel des Todes und der Hölle‹ bei Jesus Christus auf ewig in guten Händen sicher verwahrt sind.«
Und so kann Markus, der mit seiner kleinen Tochter Julia auch an jenem Osternacht-Gottesdienst teilnimmt, dann nach einem der Oster-Rufe erklären:
Komm, steh auf, sagt Gott. Damit es alle sehen:
Der Tod kann meine Liebe nicht zerstören
und niemand muss ihn fürchten.
Im Leben wie im Tod macht Liebe alles heil.
Ich bin, der ich bin, und ich bin für euch da.
Martina Steinkühler erzählt wirklich neu und theologisch sehr durchdacht. Zum Beispiel die Geschichte von der Heilung eines Gelähmten. Den Markus-Satz »Als nun Jesus ihren Glauben sah, sprach er zu dem Gelähmten: Mein Sohn, deine Sünden sind dir verge-

ben« überträgt sie in ihre Geschichte für die Kinder so:
Dann beugt er sich über den Kranken.
Er legt ihm seine Hand auf die Stirn, er sieht ihn an.
Du bist weit fortgelaufen, nicht wahr, sagt er leise.
Herr, flüstert der Mann erschrocken.
Ich floh vor Gott, doch er war schneller.
Da ließ ich mich fallen und wurde starr.
Gott wartet auf dich, sagt Jesus.
Er will sich mit dir versöhnen.
Wo?, fragt der Mann und richtet sich auf.
Es sind nur ein paar Schritte, sagt Jesus.
Eine spannende Geschichte für Kinder wie Eltern, eine Geschichte, über die man lange nachdenken und sprechen kann. Nicht so karg, fremd und unglaublich wie die Wundergeschichte der Evangelien.

»Kindgerechte« Sprache

Im Vorwort zu seiner »Bibel für Kinder und alle im Haus« erklärt Rainer Oberthür seinen jungen Leserinnen und Lesern: »*In Kinderbibeln sind die Texte im Vergleich zur ›richtigen‹ Bibel oft stark verändert: vereinfacht und ausgeschmückt mit erfundenen Ereignissen, manchmal in einer Sprache, wie kleine Kinder sie sprechen. Hier und da bekommt der Text dabei einen ganz anderen Sinn. Ich traue dir mehr zu, denn ich weiß, Kinder wollen keinen ›Kinderkram‹, sie wollen ernst genommen werden. Wenn ich dir etwas erzählen würde, worüber du in einigen Jahren nur müde lächelst, dann wäre ich nicht glaubwürdig und dir würde die Bibel vielleicht gleichgültig werden. Deshalb halte ich mich so weit wie möglich an die echten Texte der Bi-*

bel, auch wenn sie schwierig sind und eine Sprache sprechen, die wir so nicht sprechen: Du wirst spüren, dass es eine besondere, festliche Sprache ist, ähnlich wie in schönen Gedichten.«

Das »feierliche Gedicht vom Anfang der Welt« beginnt dann so:

Im Anfang schuf Gott Himmel und Erde.
Und die Erde war Wüste und Leere, Irrsal und Wirrsal.
Finsternis lag über der Urflut,
aber über dem tiefen Wasser schwebte hin und her
der Lebensatem, der Geist Gottes ...

Kindern einer vierten Grundschulklasse gefällt das. Tobias hat am liebsten die Schöpfungsgeschichte gelesen, Lukas' Lieblingsgeschichte ist die von Ijob, und Manuel kann sich nun auch vorstellen, die »echte« Bibel zu lesen. Das hat nicht nur mit dem Inhalt der Geschichten zu tun, sondern auch mit der Sprache. Kinder brauchen keine eigens für sie verkleinerte Sprache, nur klar und verständlich muss sie sein, und vielleicht sogar noch ein bisschen mehr.

»Ich würde allen Erziehenden empfehlen, beim Beurteilen eines Kinderbibel-Textes nicht nur inhaltliche Kriterien und die Verständlichkeit zu berücksichtigen«, rät Regine Schindler, »sondern in besonderer Weise auf die dichterische Qualität zu achten ... Nicht nur der ›Stil‹ der Bilder, sondern auch der ›Sprachduktus‹ muss den Eltern entsprechen, sodass das Vorlesen in einem tieferen Sinne ›stimmt‹.« Denn Eltern und Kinder sollten gemeinsam die Geschichten erleben, darüber sprechen und so in eine auf ganz besondere Weise vertrauensvolle Beziehung kommen. Das wird schwer oder auch gar nicht gelingen, wenn die Geschichten nicht für beide »richtig« sind.

Aber brauchen Kinder eine eigene Bibel in »gerechter Sprache«, und das, noch bevor die erste deutsche Bibelübertragung in gerechter Sprache auf dem Markt ist? Die 2004 erschienene, von zwei jungen Diplom-Theologinnen verfasste »Gütersloher Erzählbibel« ist die erste derartige Kinderbibel.

Da schwebt am Anfang nicht mehr »der Geist Gottes« über dem Wasser, sondern »die Geistkraft«, und Gott erschafft auch nicht »den Menschen« sondern »das Menschenwesen«. Gott selber ist mal männlich, mal weiblich, mal ER, mal SIE, mal MUTTER, mal VATER, mal GÄRTNER, mal TÖPFERIN. Und was sollen Kinder und Eltern von einem der wenigen Texte halten, den sie vielleicht schon mal gehört haben, wenn er plötzlich so klingt? *GOTT allein, SIE ist meine HIRTIN – mir fehlt es an nichts. SIE lässt mich ausruhen auf grüner Weide ...* (Psalm 23)

Kinder sollen in einer Kinderbibel mit der christlichen Tradition und ihren jüdischen Wurzeln vertraut gemacht werden. Eine Göttin, »einzige Herrscherin«, »Retterin« ist da unbekannt und kann nur Verwirrung stiften.

Die Textauswahl

Auch die Textauswahl und die Erzählperspektive mancher Geschichten der Gütersloher Erzählbibel unterscheiden sich an vielen Stellen stark von anderen Kinderbibeln. So werden Frauengeschichten besonders ausführlich erzählt und oft aus der Perspektive der Frauen.

Blättert man diese Kinderbibel durch, hat man den

Eindruck: Wo immer in der Bibel eine Frau erwähnt wird, haben die Autorinnen deren Geschichte mehr oder weniger aufgebläht ihren jungen Leserinnen und Lesern erzählt. Wohl einzigartig in einer Kinderbibel ist die Geschichte von Tamar, die ihren Schwiegervater Juda in der Verkleidung einer Prostituierten verführt, ebenso wenig findet sich die Geschichte von Jiftachs Tochter (aus dem »Buch der Richterinnen und Richter«) in einer anderen Kinderbibel und auch nicht die Geschichte von der Vergewaltigung Tamars durch ihren Stiefbruder Amnon. Ich kann beim besten Willen nicht erkennen, welchen Sinn diese Texte in einer Erzählbibel für Kinder ab neun Jahren haben sollen.
Auch Regine Schindler hat sich über die Auswahl der Geschichten in ihrer Kinderbibel viele Gedanken gemacht. Rückblickend schreibt sie: »Wenn ein Geschichtenbuch als Bibel bezeichnet werden sollte, durften z.B. die Schöpfungsgeschichte, Abraham, Moses, Weihnachten oder Ostern nicht fehlen ... Sicher würde ich heute die Geschichte von der »Opferung Isaaks«, die wie bei mir auch in anderen verbreiteten und anerkannten Bibeln fehlt, einzufügen versuchen«, vielleicht unter dem Titel »Gott verlässt Abraham nicht«, denn es »hat sich in den allerletzten Jahren die Überzeugung verstärkt, auch von den ›dunklen Seiten Gottes‹ dürfe, ja *müsse* erzählt werden, auch für Kinder, um nicht nur verharmlosend von einem ›lieben Gott‹ zu reden.« Auch für Regine Schindler war bereits vor mehr als zehn Jahren »eine gute Repräsentanz der Frauengestalten« wichtig, weshalb sie die Geschichten von Ruth und Esther ausführlich erzählt hat und auch der in vielen Kinderbibeln fehlenden Moses-Schwester Mirjam ein eigenes Kapitel widmet. Akzente werden nicht zu-

letzt durch die Titel-Formulierungen gesetzt, wenn etwa die Abraham-Geschichte überschrieben ist: »Abraham und Sara« oder das Kapitel über Jakobs Aufenthalt bei Laban nicht wie üblich »Jakob in der Fremde« heißt, sondern »Lea und Rahel«. Es kommt auf die Gewichte an, die durch die Textauswahl gesetzt werden.

Keine Kinderbibel ohne Bilder

Schon immer haben die biblischen Geschichten dazu herausgefordert, sie auch im Bild darzustellen. Das Paradies, Kain und Abel, Mose mit den Gesetzestafeln, Josef in der Grube., aber auch die Verkündigung an Maria, die Geburt im Stall, die Passion Christi. Die Bibel-Handschriften wurden mit kunstvollen Miniaturen bebildert, die Buchdeckel der Codices mit kostbaren Elfenbeinschnitzereien oder Gold- und Silberprägungen biblischer Motive verziert, die gedruckten Bibelausgaben seit 1455 mit Holzschnitten, Kupferstichen oder Radierungen illustriert. Bis zum Bildersturm der Reformation gab es keine Kirche, die nicht reich geschmückt war mit Bildern und Bildaltären. All das hat den Glauben der Menschen sicher mehr geprägt als die Worte, die sie hörten. Schaut man sich zum Beispiel mittelalterliche Altarbilder an, dann ist ganz klar, woher die Vorstellung von Gott als altem Mann mit wallendem Bart kommt.
Die Religionspädagogin Irene Renz hat 25 Schüler zwischen zehn und zwölf Jahren befragt, wie sie sich eine »gute Kinderbibel« vorstellen. Fast alle Kinder wünschen sich in erster Linie Bilder; sie sollen »schön«, »bunt«, »gut«, »zur Geschichte passend«

sein. Damit können so gut wie alle Kinderbibeln dienen, wobei »schön« und »gut« durchaus Geschmacksache sind, denn die meisten Kinderbibeln sind wie Bilderbücher von mehr oder weniger talentierten »Künstlerinnen« und »Künstlern« illustriert, mal näher am Comic, mal mehr oder weniger weit vom religiösen Kitsch entfernt. Eine bildliche Gottesdarstellung wird man hier allerdings zum Glück vergeblich suchen. In einigen Kinderbibeln gehören auch Sachzeichnungen und Übersichtskarten zur Illustration, was viele Kinder sehr schätzen.

Nur drei Autoren oder Verlage haben sich für eine andere Art der Illustration entschieden. Martina Steinkühlers Kinderbibel ist sparsam mit farbigen Fotos aus Israel bebildert und Rainer Oberthür und Hermann-Josef Frisch haben sich für Bilder aus der Kunst entschieden. Oberthür, dessen »Bibel für Kinder und alle im Haus« mit insgesamt 34 Werken der abendländischen Kunst und vielen Detailausschnitten aus diesen Bildern illustriert ist, schreibt in seinem Vorwort an die Kinder: *»Die Künstler zeigen im Bild ihre Sicht des Bibeltextes und ihre Erfahrungen damit. Wir als Betrachter bringen dann die Bilder mit den Erzählungen der Bibel und mit uns selbst ins Gespräch ... Es ist zwar nicht immer leicht, die Bilder zu verstehen, doch die Mühe lohnt sich! Aus Erfahrung weiß ich, dass Kinder ein Bild oft viel leichter und besser verstehen als Erwachsene.«*

Die Entstehungszeit der Bilder reicht vom 6. Jahrhundert – eine Darstellung aus der »Wiener Genesis« – bis in unsere Zeit zu Bildern von Emil Nolde und Marc Chagall. Dem zehnjährigen Lukas, der sich die Bibel und die Bilder genau angesehen hat, gefallen zwei Bilder am besten: Emil Nolde, Christus und die Kinder; Meister Francke, Geburt Christi. Zu dem um 1424 entstandenen Bild schreibt er: »Das Bild gefällt mir, weil mir die Geburt Christi wichtig ist. Mir gefällt die Wolke, weil sie bedrohend schwarz ist, aber Gott ist hell leuchtend darin. Der rote Himmel ist schön. Rot ist die Farbe der Liebe und goldene Sterne passen sehr gut dazu, wie Herz und Liebe. Die lateinische Schrift in der Mitte des Bildes (Mein Herr, mein Gott) ist geheimnisvoll schön und irgendwie einladend und anziehend. Mir gefällt, dass Jesus nicht in einer Krippe liegt, das passt besser. Die Strahlen um Jesus ergreifen mich wie eine seltsame Macht, und diese Macht bringt mich dazu, mich ganz geborgen und nah bei Jesus zu fühlen.« Oberthür hat recht, Kinder können diese Bilder in ihrer Tiefe sehr gut erfassen, Lukas brauchte dazu nicht einmal die »Hilfen zum Sehen und Entdecken«, die von Kunstpädagogin Rita Burrichter zu jedem Bild formuliert wurden und im Anhang zur Bibel zu lesen sind.

Auch Frischs »Die Bibel – Das Buch fürs Leben« ist, neben einigen Karten und Sachzeichnungen, mit Kunstwerken illustriert, allerdings sind sie alle im 20. Jahrhundert entstanden. Hermann-Josef Frisch begründet das so: »Bilder der Kunst der Klassischen Moderne (also etwa die Zeit ab 1880 bis zur Gegenwart) deuten die biblischen Texte auf ihre Weise. Dahinter steht die Überzeugung, dass Kunst, gleich welcher Zeit und Kultur, die großen Menschheitsfragen ebenso aufgreift, wie es die Texte der Bibel tun. Es geht also nicht um bunte Illustrationen, sondern um weiterführende, interpretierende oder auch korrigierende Impulse. Die Kunst der Klassischen Moderne ist dafür besonders ge-

eignet, weil sie sich nicht länger dem reinen Abbilden von Wirklichkeit verpflichtet sieht, sondern Tieferes sichtbar machen will. Sie eröffnet an vielen Stellen auch den bekannten Bibelstellen neue, ungeahnte Perspektiven und ermuntert zum Weiterdenken und zur Meditation der Texte und der darin angeschnittenen Grundfragen menschlichen Lebens.«
Um nichts anderes als um Grundfragen des menschlichen Lebens geht es in der Bibel und um die uralten immer neuen Geschichten der Freiheit und der Rettung des Lebens. Eine gute Kinderbibel kann Eltern und Kindern helfen, diese Geschichten neu oder wieder kennen zu lernen.

Bibeln für Kinder und Jugendliche

Hermann-Josef Frisch: Die Bibel – Das Buch fürs Leben, Düsseldorf 2004

Diana Klöpper, Kerstin Schiffner: Gütersloher Erzählbibel, Gütersloh 2004

Rainer Oberthür: Die Bibel für Kinder und alle im Haus, München 2004

Regine Schindler: Mit Gott unterwegs. Die Bibel für Kinder und Erwachsene neu erzählt, Zürich ^{6}2004

Martina Steinkühler: Wie Feuer und Wind. Das Alte Testament Kindern erzählt; und: Wie Brot und Wein. Das Neue Testament Kindern erzählt; beide Göttingen 2005

Regine Schindler: Zur Hoffnung erziehen. Gott im Kinderalltag, Lahr 1999

Andreas Malessa

Warum hat Lisa Krebs?

Kinderglaube und die dunklen Seiten des Lebens

»Wir hatten einen schweren Verkehrsunfall. Ein Fahrzeug ist seitlich an unseres geraten, hat uns über die Leitplanke auf die Gegenfahrbahn der Autobahn geschleudert und unser Pech war, dass die Leitplanke den Tank aufgerissen hat, der beim großen BMW damals unterhalb der Achse lag. Ob durch den Funkenflug der Metallreibung oder durch die Hitze des Katalysators – jedenfalls stand in ein paar Sekunden der Wagen in Flammen. Mein Mann schrie ›Raus hier‹, zerrte als erstes unseren Dreijährigen hinter ihm aus dem Kindersitz und rannte ein paar Meter in Sicherheit, weil wir ja auf der Überholspur standen. Ich versuchte von vorne, vom Beifahrersitz aus, die beiden anderen Kinder abzuschnallen, aber ich hab den Beckengurt in der Mitte nicht aufgekriegt. Die siebenjährige Tochter schrie ›Helft mir, helft mir!‹ Ich konnte sie noch befreien, nur unseren mittleren Sohn, den hab ich dann nicht mehr geschafft, weil alles in Flammen stand. Das nächste, was ich noch weiß, ist, dass ich am ganzen Körper brennend neben meiner Tochter stand, das Auto war ein einziger Feuerball, mein Mann warf mich zu Boden, rollte mich und klopfte auf mir herum, um die Flammen mit den Händen zu löschen, aber wir wussten: *Da drin verbrennt gerade unser fünfjähriger Nils in seinem Kindersitz.*«

Zu Beerdigung ihres Kindes konnte Heide G. nicht gehen. Vier Wochen lang wurde sie im künstlichen Koma gehalten, um die Schmerzen und die Operationen zu überleben. 30 Prozent ihrer Körperoberfläche waren verbrannt. »Unsere Tochter war lange in einer Klinik für schwer brandverletzte Kinder in Hannover und hat immer gefragt: ›Wo ist der Nils jetzt? Kommt er wieder? Kann er uns sehen? Warum können wie ihn nicht sehen? Warum sind wir nicht alle gemeinsam gestorben oder wenigstens ich mit ihm? Warum ausgerechnet nur der Nils?‹ Wir wurden damals von einem Krankenhausseelsorger betreut und der hat mir etwas ganz Wichtiges gesagt: Man soll in Glaubensfragen den Kindern möglichst so antworten, dass man später nie etwas zurücknehmen muss. Also versuchte ich unserer Tochter zu sagen: Ich glaube, er ist jetzt im Himmel, es geht ihm gut. Und wiedersehen werden wir ihn, wenn wir auch mal gestorben sind.«

Lebbare Lösungen statt denkbarer Fragen

Kinder haben ein Recht darauf zu erfahren, was ihre Eltern glauben. Sie dürfen und sollen auch miterleben, wie ihre Eltern den Glauben praktizieren. Aber sollen sie auch erfahren und miterleben, wenn ihre Eltern zweifeln? Warum hat der viel zitierte »Gott der Liebe« und »Freund des Lebens« zugelassen, dass ein derart schrecklicher Autounfall passiert?
Theologen nennen dies die so genannte »Theodizee«-Frage, vom griechischen »theos«, Gott, und »Dikä«, Gerechtigkeit. Sie ist weder akademisch noch spitzfindig, weder gotteslästerlich noch verboten, sondern sie ergibt sich für Jugendliche und Erwachsene aus der Beobachtung oder dem eigenen Erleben von Krankheit,

Leid und Sterben. Kinder stellen viele »Warum«-Fragen, aber fragen sie tatsächlich, warum Gott Liebe ist und trotzdem Unrecht und Leid zulässt?
»Kinder stellen die Theodizee-Frage sicherlich nicht so, wie ein theologisch gebildeter Erwachsener sie stellt – als Frage nach Gottes Gerechtigkeit oder so etwas –, weil dieser abstrakte Gerechtigkeitsbegriff für ein Kind noch nicht besteht. Aber natürlich entsteht so etwas wie ein Gerechtigkeitsempfinden. Und dass die Welt ungerecht ist und dass die Welt damit zu tun hat, wie Gott ist – darüber denken Kinder genauso nach wie Erwachsene und sie finden genauso unterschiedliche Antworten.«
Dr. Ulrich Giesekus, klinischer Psychologe, Seelsorge-Ausbilder und Familienberater aus Freudenstadt im Schwarzwald, hat beobachtet, dass kranke oder traumatisierte Kinder weniger an Ursachenforschung interessiert sind, sondern schnell und zielstrebig eine Lösung des Problems, eine Linderung der Schmerzen, eine Beendigung der Trauer anstreben. Also selten wissen wollen: »Warum hat Gott das zugelassen?«, sondern vielmehr: »Wann macht Gott das endlich weg?«
Dabei übernehmen sie nur sehr langsam die Zweifel und Fragen ihrer Eltern, aber recht schnell deren Überzeugungen und Antworten. Von praktischen Nützlichkeitserwägungen getrieben, wollen Kinder einen Modus Vivendi wissen, wie man denn jetzt *mit* einer Krankheit, *trotz* eines Verlustes oder *nach* einer Katastrophe weiterleben kann. Ulrich Giesekus weiter: »So wie es Erwachsene gibt, die sagen: Durch dieses Leid bin ich in meinem Glauben gestärkt und auf Gott geworfen worden und ich konnte gar nicht anders, als an ihn glauben, obwohl ich an ihm irre werde – so gibt

es auch Kinder, die ein ganz kindliches Gottvertrauen entwickeln. Und so wie es Erwachsene gibt, die an Gott verzweifeln und mit ihm nichts mehr zu tun haben wollen und ihn vielleicht sogar hassen – so gibt es auch Kinder, die sagen: Wenn Gott zulässt, dass meine Katze überfahren wird, dann will ich an den nicht glauben.« Das bisweilen entwaffnend praktische Denken eines Kindes wird nicht mal von vermeintlich frommer Tröstung überholt: »Mein Schatz, sicher ist unsere tote Miezi jetzt bei Jesus im Himmel.« »Das glaub' ich nicht, Mama. Was soll der Herr Jesus denn mit einer toten Katze!«

Vorsicht: Einer muss doch schuld sein

Dr. Michael Simons ist Leiter des Trauma-Zentrums in der Kinder- und Jugendpsychiatrie des Klinikums Aachen und verweist auf eine Gefahr, die leidgeprüften Eltern vielleicht zu wenig bewusst ist: »Eine Jugendliche, eine 14-jährige, kam wegen einer Angststörung, und nachdem sie die überwunden hatte, wurde bei ihr eine Krebserkrankung festgestellt. Und dann sagte sie mir letzte Woche: Ich glaube, Gott ist böse auf mich. Ich fragte sie, wie sie denn darauf komme, und dann hat sie gesagt: Irgendjemand muss ja schuld sein!«
Dieser »jemand« ist in den meisten Fällen nicht etwa ein rätselhafter, ferner und verborgener Gott, sondern das eigene Ich. »Kinder«, so Ulrich Giesekus, »sind egozentrisch. Sie sind begnadete Beobachter und schlechte Interpreten. Sie kriegen alles mit, sie kriegen mit, dass Mama schwer krank ist – lange bevor Papa niedergeschlagen sagte: ›Mama kommt nicht mehr

nach Hause‹ – und die Antwort auf die Warum-Frage, die sich vor allem kleine Kinder schnell geben, ist: Weil ich schuld bin!«

Diese für Eltern bestürzende »Lösung« der Theodizee-Frage kommt aus dem sowohl mechanistischen wie magischen Weltbild kleiner Kinder. »Weil die Birne meiner Nachttischlampe in dem Moment kaputtging, als ich den Schraubverschluss der Colaflasche drehte, bin ich als Kind lange Zeit davon überzeugt: Lampen gehen aus, wenn ich Schraubverschlüsse drehe. Kinder stellen Zusammenhänge her, die nicht bestehen, und beziehen alles auf sich. Das meine ich mit: begnadete Beobachter und schlechte Interpreten«, sagt der Psychologe Simons.

Auch wenn Eltern von solchen Denkprozessen und Erklärungsmustern ihrer Kinder oft gar nichts erfahren, ist für Ulrich Giesekus die Aufgabe der Erzieherinnen und Erzieher klar: »Eins der allerwichtigsten Signale, die ein Kind hören muss, wenn Ereignisse sein Leben drastisch verändern – übrigens nicht nur bei schweren Erkrankungen, sondern auch bei Trennung und Scheidung der Eltern – ist: Du bist nicht schuld daran! Du kannst nichts dagegen tun. Du kannst aber vor allem nichts dafür. Was jetzt passiert, wird passieren. Du kannst es nicht verhindern, aber du hast es auch nicht gemacht.«

Und was hat Kinderpsychologe Michael Simons der krebskranken 14-Jährigen geantwortet? »Sie ist ein sehr freundliches, nettes Mädchen mit einem sehr offenen Wesen und ich habe sie gefragt, woher das denn kommt, dass sie so viele Schokoladenseiten hat. Wer denn dafür verantwortlich ist?!«

Die Erfahrung der Nähe und Zuwendung Gottes

machte diese Jugendliche in Gestalt fürsorglich besorgter Freunde und Eltern: »Darauf reagierte sie jetzt natürlich nicht mit Überlegungen, wie man denn Gott als Urheber des Guten und Bösen zusammendenken könne, sondern sie sagte: Ich hab jetzt keine Angst mehr. Aber alle anderen haben auf einmal Angst um mich. Das tut auch gut.«

Lieber Ehrlichkeit als Erklärungseifer

»Ich habe in dem Moment wirklich mit Gott gehadert, ich hab ihn tatsächlich angeschrien, wenn ich alleine war! Ich hab' ihn verflucht, ich hab' gesagt: Du kannst nicht der Gott sein, an den ich bisher geglaubt habe. Du bist ein Unwesen, das mir nichts Gutes will!« Christoph G. ist niedergelassener Arzt und wusste, was es bedeutete, als man seiner eineinhalbjährigen Tochter »chronisch myloische Leukämie«, eine Sonderform des Blutkrebses bei Kindern, attestierte.
»Die Diagnose Leukämie an sich ist ja schon außerordentlich schwer zu verkraften, weil ab diesem Tag alle Normalität des Alltags zusammenbricht. Es gibt ein Leben davor und es gibt ein Leben danach. Es ging eine Riesenaktion in unserem Freundeskreis los, hunderttausende Euro wurden gespendet, um die Typisierung von Knochenmarkspendern zu finanzieren, aber was wir zu dem Zeitpunkt noch nicht wussten: Meine Frau war schwanger. Erst als unser zweites Kind zur Welt kam, passten Zellen aus der Nabelschnur hundertprozentig zu den Zellstrukturen unserer Tochter und die ganze Aktion in der Uniklinik Düsseldorf konnte losgehen. In mir wuchs der Gedanke: Gott hat

uns ja doch nicht verlassen, Glück im Unglück, die Knochenmarktransplantation ist gelungen, Luisa lebt!«

Doch wie in einem grausamen Katz-und-Maus-Spiel gab es in den Folgejahren eine Neuerkrankung, ein Rezidiv. Für den in einer frommen Gemeinde des Bergischen Landes engagierten Arzt und seine Frau war das der Zusammenbruch all dessen, worauf sie ein Leben lang vertraut hatten: »Da ist für mich, ehrlich gestanden, noch schlimmer als beim ersten Mal die Welt zusammengebrochen. Ich dachte: Dieser Gott – wenn er denn existiert – ist ein Sadist! Der will uns bewusst quälen. »

Das Kind überlebte den Rückfall. »Luisa ist inzwischen 11 Jahre alt und die Frage ›warum lässt Gott das zu‹ oder ›warum tut mir jemand, den ich nicht sehen kann, so was an‹ ist bei ihr in all den Jahren nicht ein einziges Mal aufgetreten.«

Bei ihrem Vater war sie aber permanent da. Hat er ihr das gestanden? »Wenn Sie mich fragen: Wirst du das Kind an deinen Zweifeln teilhaben lassen, muss ich sagen: Ja, in gewissem Rahmen tue ich das. Aber wenn ich doch selber noch nicht hundertprozentig verstehe, wohin der Hase läuft, wie soll ich's meinem Kind erklären? Wovon ich letztendlich und immer noch überzeugt bin, ist: Es gibt Gott und er ist da. Das – aber auch nicht mehr – vermittle ich meinem Kind.«

Der klinische Psychologe und Familienberater Ulrich Giesekus findet solche Ehrlichkeit gesünder, als wenn fromme Eltern aus gutgemeinten religionspädagogischen Gründen eine Glaubensfestigkeit demonstrieren, die sie in Wirklichkeit nicht mehr haben: »Eltern sind für Kinder die Garanten der Weltordnung. Und wenn's den Eltern schlecht geht, geht's dem Kind nie gut. Deswegen meine ich ja, die erste Elternpflicht lautet: Sorge dafür, dass es dir selbst gut geht. Und wenn dazu gehört, dass man zumindest eine Zeit lang keinen Gottesdienst mehr ertragen kann und alles, was mit Glauben zu tun hat, als frommes Gesülze wahrnimmt – dann erspare es dir halt. Kinder profitieren nie davon, wenn sie spüren, dass das, was die Eltern sagen, nicht wirklich stimmt. Und sie spüren genau, ob Eltern die Wahrheit sagen oder vermeintlich pädagogisch wertvollen Unsinn erzählen.«

Wenn aber Eltern die »Garanten der Weltordnung« sind – bricht dann nicht auch für das »kindlich gläubige« Kind eine Welt zusammen, wenn es erfährt, dass Mama und Papa Zweifel haben?

»Wenn Eltern wirklich ehrlich mit *sich* sind – das ist ja die Voraussetzung, dass sie mit sich selber ehrlich sind! –, dann werden sie feststellen, dass sie ja nicht darunter leiden, *dass* sie eine Antwort auf die Theodizee-Frage gefunden haben – ›Gott ist böse!‹ –, sondern dass sie darunter leiden, *keine* Antwort gefunden zu haben. Und wenn sie ihrem Kind ehrlich sagen: Ich habe keine Antwort – dann hindert das ihr Kind nicht daran, auch weiterhin in *seinem* Glauben Trost und Zuspruch zu finden. Kinder finden und gehen nämlich auch im Glauben ihren eigenen Weg.«

Keine weich gespülte Bibel?

Für Eltern und Erzieher, für Kindergottesdienst-Mitarbeiterinnen und Religionslehrer kann sich die Frage nach den dunklen Seiten Gottes aus der schlichten Bi-

bellektüre oder dem Unterrichtsstoff ergeben: »Kann ich einen Gott als gut bezeichnen, der sich selbst als außerordentlich kriegsbegeistert zeigt? Der selbst Kriege führt – und zwar geht es hier immer um Angriffskriege –, der solche Kriege befiehlt, der immer und immer wieder die schlimmste Art des Krieges befiehlt, den Genozid, den Völkermord, also die Abschlachtung der gesamten feindlichen Bevölkerung bis zum letzten Kind und Säugling, der sehr erzürnt ist, wenn dieser Befehl nicht perfekt vollzogen wird – kann ich einen Gott gut nennen, der sich so darstellt?«
Dr. Franz Buggle, Ordinarius für Klinische und Entwicklungs-Psychologie an der Universität Freiburg, ist bekennender Atheist, hält Gott für zutiefst verabscheuungswürdig und die Bibel für jugendgefährdend. Sein Bibelverständnis sei vor-aufklärerisch und naiv fundamentalistisch, werfen ihm Verteidiger des Glaubens vor. Buggle unterscheide böswillig nicht zwischen den antiken Berichten über Gott, die man historisch-kritisch sehen müsse, und dem tatsächlichen Wesen Gottes, wie er es in Jesus Christus geoffenbart habe. Allerdings räumen auch engagiert christliche Theologen ein, dass der Gott Jahwe, der den unschuldigen Hiob grausam leiden ließ, derselbe Gott und Vater Jesu Christi sei, der die Kranken heilte und die Kinder herzte. »Ob Gott gut ist oder nicht«, so Professor Hans-Joachim Eckstein von der Universität Tübingen, »das ist freilich ein Frage, die wir auch vom Neuen Testament her als offene Frage erleben. Wir würden nicht sagen, dass es zwei Götter gibt: nämlich den der Liebe, der offenbart ist in Jesus Christus und damit verständlich für uns, leicht zugänglich, und den anderen, den Gott des Zorns, der Ablehnung, des Gerichts

und des Todes. In der Tat darf auf keinen Fall die Alternative sein: Das Alte Testament vertritt den Gott des Krieges und der Grausamkeit und das Gottesbild des Neuen Testaments, das wäre dann das des Gottes der Liebe.«

Was für Erwachsene eine intellektuell unlösbare Aporie, ein nicht rational nachvollziehbarer Widerspruch ist, das ziehen Kinder – wieder sehr praktisch und erstaunlich unproblematisch – in einer Person zusammen, bei der es nicht auf logische Stimmigkeit, sondern auf Nähe ankommt, meint Michael Simons von der Kinder- und Jugendpsychiatrie Aachen. »Was wir häufig sehen, ist: Auf der einen Seite ist Gott durchaus derjenige, der auf der Anklagebank sitzt. Auf der anderen Seite, gerade in der Person Jesu, ist er aber derjenige, der helfen kann. Kinder können so von Gott denken, weil sie so von ihren Eltern denken. Wenn kleine Kinder z.B. krank sind, geben sie manchmal ihren Eltern die Schuld: Du hast nicht auf mich aufgepasst! Was sie gleichzeitig suchen und brauchen, ist ein Elternteil, der sich zwar so tadeln lässt, aber vor allen Dingen signalisiert: Ich bin trotzdem für dich da! Ich bleibe an deiner Seite! Wir stehen das zusammen durch.«

Und was ist mit den biblischen Geschichten, in denen alle außer Noahs Familie ertrinken, Abraham beinahe seinen Sohn schlachtet, der Würge-Engel die ägyptischen Erstgeborenen tötet und der junge David den Goliath steinigt?

»Das Erstaunliche an der Reaktion auf biblische Geschichten, die ja manchmal nur so strotzen von Grausamkeit, ist, dass Kinder offenbar ein anderes Todeskonzept haben als wir Erwachsenen. Für sie hat Sterben weniger mit Endgültigkeit zu tun, sondern sie ken-

nen nur, dass jemand schläft und dann wieder aufwacht. Und deshalb erwarten sie ebenso selbstverständlich wie unbekümmert, dass ein Toter irgendwann wieder aufsteht. Die Dimension des Unendlichen ist eine nicht fassbare, viel zu abstrakte Größe. Weshalb Kinder nicht so stark erschrocken sind, wenn im Film oder in einer Geschichte jemand zu Tode kommt. Vorausgesetzt natürlich, es ist ›nur‹ eine Geschichte, hat also immer den Charakter ›als ob‹!«
Unterscheiden kleinere Kinder denn zwischen Fiktion und Realität? Die medienpädagogische Diskussion darüber füllt immerhin meterbreit die Regale besorgter Eltern. Michael Simons, der Mann aus der Trauma-Reha (»das Leben unserer Patienten *ist* manchmal wie ein schlechter Film ...«) gestattet sich ein Lächeln: »Erwachsene meinen zu beobachten, dass Kinder die Grenze *nicht* kennen, weil Kinder sich gerne vorstellen, es gäbe diese Grenze nicht. Weil Kinder gerne *so tun*, als kennten sie diese Grenze nicht. Neuere Forschungen zeigen aber, dass Kinder sehr wohl wissen, was ›nur eine Geschichte‹ und was ihre eigene Lebenswirklichkeit ist. Sie können stundenlang spielen, dass eine Banane ein Telefonhörer sei. Wenn aber wirklich das Telefon klingelt – dann gehen sie ans Telefon. Und nicht an die Banane.«
Eine wichtige Einschränkung macht er allerdings doch. Und die hat wieder mit der Ichzentriertheit des kindlichen Denkens zu tun: »Wenn in der Bibel ein ganzes Volk ausgelöscht wird, ist es m.E. nicht hilfreich, die Erklärung aus der Bibel selbst zu nehmen: Das Volk hatte gesündigt! Für ein Kind stellt sich dann nämlich die Frage: Und was passiert mit mir? Werde ich auch ausgelöscht, wenn ich gesündigt habe? Hier müssen

wir aufpassen, nicht einem Gottesbild zu huldigen, das Angst und Schrecken verbreitet, so dass Gott der Tröster, der Versöhner, der Annehmende, der Liebende, in den Hintergrund tritt. Gott würde damit zur Gedankenpolizei, die ständig überprüft, was ich denke und tue und sofort draufhaut, wenn ich mich schlecht benehme. An der Stelle kann christliche Erziehung tatsächlich zum Bumerang werden: Dass Religion nicht mehr das ist, was dem Kind Halt und Sicherheit gibt, sondern nur noch zur Verunsicherung beiträgt.«

Wenn Horror-Fiktion zur Lebenswirklichkeit wurde, wenn der kleine Bruder im brennenden Auto festgeschnallt blieb oder die große Schwester an Leukämie gestorben wäre – dann ist religionspädagogisch sowohl Ehrlichkeit als auch Vorsicht geboten, meint Ulrich Giesekus: »Es wird doch in vielen Untersuchungen immer wieder gezeigt, dass Menschen in ihrem Glauben tatsächlich Trost erleben; dass die Theodizee-Frage als Negativ-Faktor bei weitem nicht so wirksam ist wie ihr Gegenteil, dass nämlich Erwachsene mit Glaubensbezug und Hoffnung auf ein Leben im Jenseits tatsächlich ihren Trauerprozess viel besser bewältigen als andere, die diese Hoffnung nicht haben. Auch beim Weitergeben genau dieser Hoffnung wäre ich ehrlich! Ehrlich und vorsichtig zugleich. Ehrlich im Sinne von ›Ja, ich glaube das!‹ Und vorsichtig im Sinne von ›Deshalb musst du es aber jetzt nicht auch glauben.‹«

Literaturempfehlungen

Gion Condrau: Der Mensch und sein Tod, Stuttgart 1991 (S. 366–371: »Die Kindheit«)

Doris Wolf: Einen geliebten Menschen verlieren, Mannheim 1991 (S. 37–47: »Wie Kinder trauern«)

Ulrich Beer: Lebenskraft aus Lebenskrisen, Würzburg 2000 (S. 252–285: »Krankheit und Angst überwinden«)

Ulrich Giesekus: Glaub Dich nicht krank. Wuppertal 2000 (S. 118ff: »Hoffnung auf den Himmel nicht nur für Kinder«)

Margot Käßmann

Wenn dein Kind dich morgen fragt

Erziehung zu Werten und Verantwortung

»Wenn dein Kind dich morgen fragt ...«, ein Satz aus dem fünften Buch Mose. Er ist Teil eines öffentlichen oder auch familiären jüdischen Rituals, in dem die jüngere Generation fragt: »Warum lebt ihr so und nicht anders?« Und die Älteren antworten, indem sie verweisen auf Gott, der sie befreit hat aus Ägypten. Auf Gott, der dem Volk Israel die Tora, Gebote und Weisungen auf den Weg gegeben hat. Das sind Gebote, die für Recht stehen und Gerechtigkeit, dafür, dass die Fremden zu schützen sind und das Leben insgesamt. Dafür, dass die Gottesbeziehung grundlegende Bedeutung hat für die Beziehung zu anderen Menschen. Fromme Jüdinnen und Juden, denen dieser Text sehr am Herzen liegt, konnten so antworten. Sie gaben an die junge Generation die Erfahrung weiter, dass es sich mit dieser Gottesbeziehung und diesen Lebensregeln gut leben lässt in der Gemeinschaft.

Der Ort dieses Rituals mag die Volksversammlung gewesen sein, das Laubhüttenfest, das alle sieben Jahre in Jerusalem stattfand. Es war in jedem Fall ein Lernritual. Durch dieses Ritual wurden die nachwachsenden Generationen des Volkes Israel eingebunden in Geschichte und Tradition, in den eigenen Glauben an Gott und die Grundregeln des Zusammenlebens. Es geht ganz deutlich nicht um ein konkretes Kind, sondern um die Weitergabe des Glaubens und der eigenen Werte von Generation zu Generation.

Wenn wir nun aus dem alten Israel ins Hier und Jetzt springen, sehen wir, dass – anders als in Jahrhunderten vor uns –, die Kette der Weitergabe von Werten und Glauben, die selbstverständliche familiäre und öffentliche Sozialisation in christlicher Tradition bröckelt. Die christlichen Kirchen in Europa heute stehen deshalb vor einer ungeheuren Herausforderung. Glaube ist längst keine Selbstverständlichkeit mehr. Und damit wankt auch das gemeinsame Wertefundament, das jahrhundertelang auf biblischen Grundüberzeugungen beruhte. Werte werden eher individuell gewählt bzw. zusammengestellt. Allerdings bin ich überzeugt, dass christliche Erziehung auch heute Kindern ein klares Wertebewusstsein mitgibt auf ihrem Lebensweg, das ihnen hilft, ihr Leben in Freiheit und Verantwortung zu gestalten.

Erinnerung an die Geschichte mit Gott

Aber hören wir den biblischen Satz zunächst einmal im Zusammenhang des fünften Buch Mose: »Wenn dich nun dein Sohn morgen fragen wird:« – so heißt es dort – »Was sind das für Vermahnungen, Gebote und Rechte, die euch der HERR, unser Gott, geboten hat?, so sollst du deinem Sohn sagen: Wir waren Knechte des Pharao in Ägypten, und der HERR führte uns aus Ägypten mit mächtiger Hand; und der HERR tat große und furchtbare Zeichen und Wunder an Ägypten und am Pharao und an seinem ganzen Hause vor unsern Augen und führte uns von dort weg, um uns hineinzubringen und uns das Land zu geben, wie er unsern Vätern geschworen hatte. Und der HERR hat uns geboten, nach all diesen Rechten zu tun, daß wir den HERRN, unsern Gott, fürchten, auf daß es uns wohlgehe unser Leben lang, so wie es heute ist. Und das wird unsere Gerechtigkeit sein, daß wir alle diese Gebote tun und halten vor dem HERRN, unserm Gott, wie er uns geboten hat.« So weit der Bibeltext.

Die Antwort der älteren Generation ist also eine Erinnerung an die Geschichte des Volkes Israel mit seinem Gott. Eine Geschichte der Befreiung, des Ringens um das Einhalten von Geboten und der daraus entstehenden Gerechtigkeit. Das Gedenken ordnet die nächste Generation ein in einen großen Zusammenhang von Kultur und Tradition.

Da ist zunächst die *Erinnerung an Gott*. Wer Kinder im christlichen Glauben erzieht, stellt sie in eine Geschichte. Sie sind nicht die ersten, und sie werden nicht die letzten sein, die sich Gott anvertrauen. Es geht um den Gott, dem sich auch Josef anvertraute und der Josef begleitet hat, als der noch als Kind in die Fremde verschleppt wurde. Kinder entdecken: Das ist der Gott, der Menschen beistand in Jahrhunderten vor uns, auch Jesus, als er sterben musste. Das ist der Gott, an den du dich wenden kannst, wenn du nicht weiter weißt im Leben, ja auch dann, wenn selbst deine Eltern keine Zeit haben, nicht zuhören oder vielleicht zum Problem werden.

So entsteht zum einen eine eigene Einbettung in einen größeren Zusammenhang. Und es entsteht eine Haltung von Grundvertrauen in Gott und damit auch Vertrauen in Menschen.

Mich hat immer beeindruckt, wie tief Martin Luther für sich selbst in der Taufe eine Vergewisserung gesehen hat. Ich bin getauft – das war für ihn eine Art

Rückversicherung, dass Gott ihn nicht fallen lässt. Das hat auch für Kinder heute Bedeutung. Wir können ihnen das deutlich machen, indem wir am Tauftag ihre Taufkerze anzünden. Indem wir zu einem Taufgottesdienst gehen und sagen: Siehst du, so war das bei dir. Oder indem wir ihren Taufwunsch unterstützen. Immer öfter kommt es zur Zeit vor, dass Kinder im Grundschulalter sich taufen lassen. Für Eltern kann die Taufe ihres Kindes geradezu eine Entlastung darstellen. Sie sind verantwortlich für das Kind, ja. Aber sie sind auch nicht die übermächtig allein Zuständigen, sondern sie vertrauen ihr Kind auch Gott an, den Paten und der Gemeinde.

Ein Kind wird durch die Taufe in eine Gemeinschaft eingebunden. Sicher ist die Beteiligung von Kindern im Gemeindeleben nicht immer ideal. Allerdings: Es gibt vielfältige Angebote von Kinderspielgruppen, Kindergottesdienst und Freizeiten. Zu lernen: ich bin nicht nur allein, sondern Teil einer großen Familie Gottes, da sind Schwestern und Brüder im Glauben, das kann für ein Kind einen wichtigen Halt bedeuten, gerade in einer Zeit, in der die Familien kleiner werden. Über die konkrete Gemeinde hinaus bedeutet das auch schlicht Einbindung in die Geschichte Gottes mit den Menschen, von der eben die Älteren erzählen, die vom Auszug aus Ägypten berichten oder von eigenen Gotteserfahrungen, vielleicht im Krieg oder in großer Angst, und von der sie, die Jüngeren, der nächsten Generation erzählen werden. Eine solche Einbettung gibt Kindern Kraft und Halt.

Wer betet, hat den Nächsten im Blick

Religiöse Erziehung nimmt die Gottesbeziehung und die Beziehungen zu anderen Menschen ernst. Dadurch entsteht meines Erachtens ein anderes Weltverhältnis. Ein Kind, das lernt, abends zu beten: »Wenn ich Unrecht hab getan, sieh es, lieber Gott, nicht an« oder: »Alle die mir sind verwandt, Gott lass ruhn in deiner Hand« bleibt nicht für sich allein. Es reflektiert das eigene Tun und Handeln und bringt es vor Gott, weiß sich aber auch im Scheitern gehalten. Und es betet für andere, hat im Blick, dass die Sorge für andere zum eigenen Leben gehört. Ein Kind beten zu lehren, eröffnet ihm neue Horizonte.

Was Jesus als das höchste Gebot überlieferte: »Du sollst Gott über alle Dinge lieben und deinen Nächsten wie dich selbst« wird hier als Lebenshaltung eingeübt. Rechenschaft für mein Tun, Selbstvergewisserung und Sorge für andere kommen zusammen. Da der oder die andere ebenso wie das Kind selbst als Gottes Ebenbild angesehen werden, steht seine oder ihre Würde nicht in Frage. Ja, da mag es Streit und Auseinandersetzung geben, das ist normal. Aber die Würde jedes Menschen wird sozusagen mit der christlichen Erziehung verinnerlicht. Und die saloppe Umdeutung der Goldenen Regel: »Was du nicht willst, das man dir tu, das füg auch keinem andern zu« kann in der verkürzten Fassung durchaus eine klare Vorgabe sein.

Nun will ich keine unerreichbaren Ideale auftürmen. Viele Eltern fühlen sich mit der christlichen Erziehung heute überfordert und delegieren das lieber an Kindertagesstätte, Religionsunterricht oder Kommunion- bzw. Konfirmationsunterricht. Oder sie sagen, ihr

Kind solle die eigene Religion einmal selbst wählen. Ich kann mich aber nur für oder auch gegen etwas entscheiden, das ich kenne.
Daher möchte ich Eltern zur religiösen Erziehung ermutigen. Sie müssen dafür keine besonders frommen Menschen sein. Und sie müssen auch nicht alle Antworten glasklar zur Hand haben. Aber Eltern sind als Vorbild unersetzbar in der Erziehung. Es gilt, dem Kind – je nach Alter – Antworten zu geben auf die existentiellen Fragen, die unweigerlich auftauchen. Wo komme ich her? Was passiert mit den Bösen nach dem Tod? Wer hat die Welt geschaffen? Wie kann Gott zulassen, das so etwas passiert? Wo ist der Opa jetzt? Entweder sind einfache Antworten möglich oder auch ein gemeinsames Miteinander-Suchen. Der Zweifel und das Fragen gehören unmittelbar zum Glauben dazu. Aber Kindern zu sagen: »Darüber habe ich noch nie nachgedacht« oder schlicht: »Ich weiß nicht«, das ist nicht gut genug. Offene Antworten sind wichtig, ebenso das ehrliche Ringen darum. Beides nimmt die Kinder und ihre Fragen ernst. Es sind ja allzu oft unsere eigenen Fragen.

Die Zehn Gebote: Regeln für ein gutes Leben

Ein gemeinsames Lesen der biblischen Geschichten etwa ist nicht nur religiöse Erziehung, sondern bedeutet auch Aneignung der eigenen Kultur und Tradition. Europäische Kultur, Architektur, Geschichte ist doch gar nicht zu verstehen ohne eine Grundkenntnis des christlichen Glaubens.
Neben der grundsätzlichen Gottes- und Menschenbe-

ziehung geht es vor allem um *Verantwortung und Freiheit*. Zuallererst sind die Zehn Gebote zu nennen. Sie geben ein Grundraster von Regeln für ein gutes Leben vor. Vater und Mutter ehren, nicht töten, nicht ehebrechen, nicht stehlen, nicht lügen und sich nicht in Neid zerfressen, das sind Geländer für ein gelingendes Miteinander. Werte vermitteln kann ich allerdings nur, wenn ich selbst auch zu diesen Werten stehe. Ich kann nicht »Du sollst nicht stehlen« als Gebot erläutern und dann den Bademantel aus dem Hotel mitnehmen. Und ich kann nicht von der Würde jedes Menschen sprechen und dann den Nachbarn als »blöden Idioten« beschimpfen. Wenn mir aber doch solche »Fehltritte« passieren, sollte ich vor dem Kind eingestehen, dass das falsch war. Auch das Eingestehen von eigenem Scheitern nicht als Schwäche, sondern als Stärke zu zeigen, ist Werteerziehung. Eigene Glaubwürdigkeit ist zentrale Voraussetzung für Wertevermittlung.

So können Eltern auch nicht mit Drohgebärde das vierte Gebot ausrufen: »Du sollst Vater und Mutter ehren!«, nachdem sie ihr Kind gerade geschlagen haben. Es geht um die gegenseitige Achtung der Generationen, Respekt voreinander. Wird das als grundsätzliche Haltung in der Kindheit gelernt, wird sie auch halten, wenn in der Pubertät die Jugendlichen den eigenen Weg suchen, meist in Abgrenzung von Vater und Mutter.

Nicht töten, das fünfte Gebot, bezieht sich auf meine Haltung anderen gegenüber. Ich weiß, welche Konflikte es geben kann, wenn kleine Jungen sich plötzlich sehnlichst ein Gewehr wünschen. Ich würde vorsichtig damit umgehen. Das schlichte Verbieten wird die Sehnsucht noch vergrößern. Aber es lassen sich Kompromisse finden, es kann darüber gesprochen werden. Kleine Jungen in Kampfanzug mit Handgranatenattrappe, die nur noch brüllen und um sich ballern, zeigen durchaus ein Problem an. Aber einen Jungen, der sich ein Holzgewehr schnitzt oder mit einer Wasserpistole durch die Gegend spritzt oder seinen Helden Batman durch die Gegend springen lässt, finde ich harmlos. Wie so oft: Es geht darum, miteinander zu reden, Grenzen zu setzen, und manchesmal gilt es auch, Kompromisse zu finden. Wir müssen den Kindern erklären, warum. Eltern sind nicht unhinterfragbar. Wären sie dass, dann wären sie nur autoritär. Ringen sie mit dem Kind aus einer eigenen Wertehaltung heraus, gewinnen sie Autorität.

(Vielleicht zum Trost: Ich habe lange gekämpft, bis bei uns die erste Barbiepuppe ins Haus kam. Und die Mädchen wussten, dass ich dafür eine gewisse Verachtung hatte. Aber ich habe sie ihnen nicht täglich aufs Butterbrot geschmiert, sondern dann auch zugelassen, dass sie mit diesen Langbeinern gespielt haben. Das wächst sich aus, in der Tat.)

Kommen wir damit zum sechsten Gebot: Wo es um Ehebruch geht, sind Kinder äußerst sensibel. Und das ist ja auch gut so. Ehebruch ist auch heute eine tiefe Vertrauensverletzung. Es irritiert sie ohnegleichen, wenn die Eltern sich nicht mehr lieben, wenn die Beziehung der Eltern zerbricht, neue Partner auftauchen. Hier deutlich zu machen: Ja, wir wollten zusammen bleiben, bis der Tod uns scheidet, aber wir sind gescheitert, das ist wichtig. Und zu sagen: Unsere Beziehung zerbricht, ja, aber nicht unsere Beziehung als Vater und Mutter zu dir. Das biblische Menschenbild kennt die Verführbarkeit und das Scheitern von Menschen an den vorgegebenen Regeln seit Adams und Evas Zeiten. Das muss mit Kindern offen besprochen werden, damit es ihnen nicht so viel Angst macht.

Die anderen Gebote, die davon handeln, nicht zu stehlen, nicht zu lügen und nicht zu begehren, was andere besitzen, sind auch heute für Kinder sehr einleuchtend. Es ist doch schon in ihrer Welt deutlich, was es heißt, wenn andere sich nehmen, was mir gehört. Ja, es gibt die christliche Aufforderung zum Teilen. Aber ein Kind zum Teilen zu zwingen halte ich für falsch. Es lernt ja gerade erst die Abgrenzung, entdeckt, dass da etwas meins ist und das andere nicht. Und es kann lernen, wie andere sich freuen, wenn sie teilen. Aber das ist erst ein Lernen aus Erfahrung.

Und Kinder wissen sehr gut, wie weh es tut, belogen zu werden. Ehrlichkeit als Grundlage des Zusammenlebens ist entscheidend, für sie, in der Familie wie in der Erwachsenenwelt. Ebenso lehrt sie allein schon die Erfahrung, dass es krank machen kann, immer zu wollen, was andere haben. Dazu müssen aber auch die Eltern eine Ethik der Grenze kennen, statt sozusagen gelb vor Neid zu sehen, was andere haben.

Auch die drei religiösen Gebote sind Kindern gut zu vermitteln. Dass Gott an erster Stelle stehen soll und wir keine anderen Götter haben sollen, ist doch eine entscheidende Aufteilung im Leben. Es geht darum, was wichtig ist und was nicht. Und auch, dass wir Gottes Namen respektieren sollen – Kinder nehmen das sehr ernst. Ich habe einmal erlebt, wie eine Großmutter mit ihrer Enkeltochter in die Kirche kam. Sie gingen herum, die Großmutter sprach wohl über den Raum, das Altarbild, die Kanzel. Das Mädchen staunte ehrfürchtig im besten Sinne des Wortes. Als sie hinausgingen, standen der Pastor und der Küster laut diskutierend im Gang. Das Mädchen drehte sich um und sagte: »Leise!!!« Sie hatte die Würde des Raumes wahrgenommen.

Dass wir schließlich den Feiertag ernst nehmen, weil es schön ist, wenn manche Tage anders sind als jeder Tag, ist schlicht einleuchtend. Wichtig ist, ob das in der Familie eben auch wahrgenommen wird. Gibt es beispielsweise Feiertagsrituale? Und ist klar, dass zum Weihnachtsgottesdienst der Kirchgang gehört? Als es bei uns einmal Anfragen gab, ob das denn Ostern sein muss, habe ich schlicht gesagt: »Ohne Christus kein Christkind und ohne Gottesdienst kein Osterfest.« Diese Feste können auch *nicht* gefeiert werden. Wer sie aber feiert, sollte sie auch einbetten in den inhaltlichen Zusammenhang, aus dem sie gewachsen sind. Was Menschen am Heiligen Abend feiern, wenn sie nicht zum Gottesdienst gehen, das Lukasevangelium nicht lesen, nicht singen und nicht beten, bleibt für mich schleierhaft. Das ist dann wohl ein inhaltsleeres Winterwohlfühlfest.

Insofern sind die Gebote Regeln für ein gutes Miteinander, die Kindern ein Wertegerüst mit auf den Weg geben. Sie mögen gegen diese Regeln verstoßen, sie vielleicht in einer anderen Phase in ihrem Leben auch über Bord werfen. Aber doch bleiben sie tief verwurzelt. Wahrscheinlich ist Gelassenheit das richtige Stichwort, gerade, wenn Kinder ausbrechen aus den Wertehaltungen, die ihre Eltern ihnen mitgegeben haben. Diese Haltungen werden sie in jedem Fall ein Leben lang begleiten und prägen.

Realistisches Menschenbild

Aber es sind ja nicht nur das höchste Gebot und die Zehn Gebote, die ein Geländer für das Leben vorgeben. Ich denke, christliche Erziehung bedingt eine Lebenshaltung, die sich in vielen Bereichen zeigt. Da ist das bereits genannte Menschenbild, jeder Mensch ist Gottes Ebenbild. Da ist die realistische Einschätzung, dass Menschen verführbar sind und oft größenwahnsinnig, wie schon beim Turmbau zu Babel. Das ist nicht neu, so sind die Menschen. Und trotzdem gibt es immer wieder einen Neuanfang, ist Vergebung möglich nach einem Scheitern, kann Versöhnung geschehen, weil auch Gott Versöhnung praktiziert. Nächstenliebe kann für Kinder ein sehr praktisches Ringen sein – aber für Erwachsene ja durchaus auch! Ein Umgang mit eigenem Scheitern – etwa in der Schule, was viele Kinder belastet –, der das Kind nicht zum Versager abstempelt, ist von großer Bedeutung.
Hinzu kommt für mich eine Grundhaltung der Dankbarkeit. Das Schöpferlob etwa in der Bibel ist wunderbar, gerade in den Psalmen. Das erklingt in vielen Kindergebeten, etwa dem von Clemens Brentano:

> Kein Tierlein ist auf Erden
> Dir, lieber Gott, zu klein,
> Du ließt sie alle werden,
> Und alle sind sie dein.
> Zu dir, zu dir
> Ruft Mensch und Tier
> Der Vogel dir singt,
> Das Fischlein dir springt,
> Die Biene dir brummt,

Der Käfer dir summt.
Auch pfeifet dir das Mäuslein klein:
Herr Gott, du sollst gelobet sein!

Und viele Kinderlieder singen davon, beispielsweise das von Wilhelm Hey:

Weißt du, wieviel Sternlein stehen an dem blauen Himmelszelt?
Weißt du, wieviel Wolken gehen weithin über alle Welt?
Gott der Herr hat sie gezählet, dass ihm auch nicht eines fehlet
an der ganzen großen Zahl, an der ganzen großen Zahl.
Weißt du, wieviel Mücklein spielen in der heißen Sonnenglut,
wieviel Fischlein auch sich kühlen in der hellen Wasserflut?
Gott der Herr rief sie mit Namen, dass sie all ins Leben kamen,
dass sie nun so fröhlich sind, dass sie nun so fröhlich sind.
Weißt du, wieviel Kinder frühe, stehn aus ihren Bettlein auf,
dass sie ohne Sorg und Mühe fröhlich sind im Tageslauf?
Gott im Himmel hat an allen seine Lust, sein Wohlgefallen,
kennt auch dich und hat dich lieb, kennt auch dich und hat dich lieb.

Neben dem Beten gehört sicher das Singen zur christlichen Erziehung. Worte zu kennen, die andere vor uns geformt haben, kann so unendlich hilfreich sein, wenn wir selbst verstummen, vor Kummer oder vor Glück. Dann mit den Worten des 23. Psalms zu beten oder ein Jubellied zu singen gibt der Sprachlosigkeit Form und Halt. Wichtig ist mir: Christsein meint nicht ein Leben als Trauerkloß! Gerade umgekehrt sollte es sein. Wir glauben ja nicht an einen Toten, sondern an den Auferstandenen. Deshalb können wir uns freuen und jubeln und müssen auch der Frage nach dem Tod nicht ausweichen. Christus hält uns im Leben und im Sterben. Wir dürfen uns freuen am Leben und müssen keine Angst haben im Sterben bzw. können uns im Sterben Gott anvertrauen.

Mündigkeit und Engagement

Mir gefällt in diesem Zusammenhang der biblische Begriff der Haushalterschaft. Wir sind sozusagen Haushalterinnen und Haushalter Gottes. Die Erde ist uns anvertraut, damit wir sie hegen und pflegen und weitergeben an kommende Generationen. Das stellt uns in eine verantwortliche Position. Auch ein Kind hat Verantwortung und wächst an diesem Verantwortungsbewusstsein als ein Glied in der Reihe durch die Jahrhunderte und um den ganzen Erdball herum.
Schließlich führt solcher Glaube zu einem *mündigen Blick auf die Wirklichkeit und zu Engagement in der Welt.* Mehr als jede Generation zuvor wird die jetzt heranwachsende vor enorme ethische Entscheidungen gestellt sein. Das Individuum muss Stellung beziehen,

wo alte Wertvorstellungen ihre Selbstverständlichkeit verloren haben. Ich denke an Fragen der Gentechnologie, der Fortpflanzungsmedizin, der Sterbehilfe, der Energiegewinnung. Deshalb brauchen Kinder eigene Wertvorstellungen, die ihnen helfen, eine klare Grundhaltung zu finden, nicht auf sich selbst fixiert zu bleiben, sondern standhaft Position zu beziehen.

Eine Grundhaltung von Kritik und Gestaltung wird als protestantisches Prinzip bezeichnet. Mir leuchtet das bis heute ein. *Kritein*, der griechische Begriff, meint ja zunächst unterscheiden. Eine kritische Haltung besagt also, dass ich schaue, ob das Vorfindliche meinen Werten entspricht, ob etwas gut oder böse ist. Das ist ja gar nicht immer gleich so offensichtlich. Etwa bei einem Streit in der Schule, bei der Suche nach Schuldigen, bei der Differenzierung, wer warum geschlagen hat, und der Frage nach Rache oder auch klarer Sanktion. Da brauchen Kinder in Eltern, Paten oder anderen Verwandten und Freunden Gesprächspartnerinnen und -partner, die ihnen helfen, eine Haltung zu finden, Kriterien zur Einordnung. So kann Klarheit entstehen, gegebenenfalls eine Minderheitenposition durchzustehen.

Und die Gestaltung? Ich denke, der christliche Glaube ermutigt zum Engagement in der Welt. Er ist kein Glaube für das stille Kämmerlein, so sehr das eigene Beten und der Gottesdienst miteinander seine Praxis bestimmen. Sich einmischen, mitgestalten, mitreden, nicht kuschen, sondern für die eigenen Werte eintreten, das gehört dazu. Wie sang einst Bettina Wegner in ihrem Lied zur Kindererziehung: »Gerade klare Menschen wär'n ein schönes Ziel. Menschen ohne Rückgrat hab'n wir schon zu viel«.

Eine christliche Grundhaltung macht widerstandsfähig, auch etwa gegen die Verführbarkeit durch Drogen und Medien. Durch sie erhalten Kinder durchaus auch die kritische Kompetenz, sich in der Medienwelt zu orientieren und standzuhalten. Die ewige Ballerei, die Internetangebote: da muss gelernt werden, abzuschalten. Allerdings ist mir wichtig, dass das geschieht, ohne humorlos zu werden. Wir können die Medien nicht nur verdammen. Viele großartige Möglichkeiten bieten sich. Und manchmal kann der Mensch auch eine Blödelsendung anschauen, einfach abhängen, ohne gleich zu verdummen.

Religiöse Erziehung ist Werteerziehung. Sie trägt dazu bei, dass aufrechte und freie Menschen in unserem Land aufwachsen, mit Standpunkten, die sie in unsere Gesellschaft einbringen. Kinder, die auch dem Dialog der Kulturen und Religionen gewachsen sind, weil sie wissen, auf welcher Grundlage sie stehen und wofür sie eintreten. Kinder, die zwar nicht furchtlos sind, weil sie um die Gefährdungen des Lebens wissen, die aber den Mut haben, einzutreten für ihre Grundüberzeugungen – solche Kinder braucht das Land.

Und, zur Beruhigung: Wenn in der Zeit der Pubertät Kinder manchmal alles über Bord zu werfen scheinen, was in ihrer Erziehung eingebracht wurde, dann ist eine große Portion Gelassenheit angebracht oder eben auch Gottvertrauen. Die Wurzeln, die wir in der Erziehung legen, ob als Eltern oder Paten, ob in Familie, Kindertagesstätte, Gemeinde oder Schule, sie werden keimen.

Literaturempfehlungen

Das große Bibel-Bilderbuch von Kees de Kort, Stuttgart 1994
(Ein schöner Einstieg in das Erzählen der großen biblischen Geschichten)

Erzähl mir vom Glauben, hg. im Auftrag der VELKD, Gütersloh 2002
(Ein ausgezeichnetes Vorlesebuch für Kinder)

Margot Käßmann: Wie ist es so im Himmel?, Freiburg 2006
(Antwortversuche auf 30 religiöse Fragen von Kindern)

Doris Weber

Was liegt hinter dem Ende der Welt?

Die Lebenskunst der Kinder

Miriam ist zehn Jahre alt und eine Philosophin: »*Ich würde gern mal wissen von Gott, wieso er die Menschen schafft und dann auf einmal wieder wegmacht. Erst bringt er sie, dann holt er sie wieder. Da würde ich gerne wissen, wieso er das macht. Wieso er die Menschen nicht immer auf der Welt lässt. Ich würde gern wissen, warum wir sterben müssen.*«
Zu fragen sind sie da – unsere Kinder. Kindliche Lebenskunst nennt dies der Berliner Philosoph Wilhelm Schmid und ist voller Bewunderung: »Ich habe vier Kinder, hatte genügend Zeit, sie zu studieren und von ihnen zu lernen. Lebenskunst heißt bewusste Lebensführung. Dinge nicht so dahingehen zu lassen, selbst einzugreifen. Das machen Kinder ganz deutlich. Sie sind nicht nur Spielball, Objekt von Verhältnissen. Sie suchen sich schon selbst auch die Verhältnisse manchmal zurechtzumachen, Situationen zu erzeugen, Wohlwollen zu suchen, Bedingungen zu schaffen, alles heranzuziehen, was für ihr Leben förderlich ist«.
Lernen von der Lebenskunst der Kinder, das empfiehlt Wilhelm Schmid den Erwachsenen in seinem jüngsten Buch *Mit sich selbst befreundet sein*. Diese kindliche Unbekümmertheit steht für ihn im Zentrum der kindlichen Lebenskunst. Die Selbstverständlichkeit des Eingebettetseins in der Welt, das nicht endende Staunen bei jedem Schritt in sie hinein, die Hingabe an die Erfahrungen mit ihr, die immer neue Bereitschaft zum

Versuch, zum Wagnis, die große Offenheit und Neugierde.
Erwachsene hingegen verlieren diese Unbefangenheit und die Bereitschaft, fundamentale Fragen zu stellen, wenn sie keine Antworten darauf finden. Kinder forschen mutig weiter. Erwachsene verlieren den offenen, staunenden Blick für das, was ihnen begegnet, sagt Wilhelm Schmid: »Auch für mich war das in hohem Maße so, dass ich nicht glücklich darüber war und mir dann mit den beiden kleinen Kindern vorgenommen habe: Mit denen werde ich wieder groß. Ich gehe wieder zurück auf deren Ebene und versuche mit ihren Augen zu sehen, ich versuche, mich auf ihre Höhe einzustellen und zu schauen, wie sieht dort das Leben aus? Ich versuche, mit ihnen mitzugehen. Das hat mir eine Menge von Erfahrungen beschert und ein bisschen auch die Rückkehr in meine eigene Kindheit«.
Nicht verstrickt zu sein in alte Geschichten, nicht von Misstrauen zugeschüttet und in irgendwelchen Schützengräben Deckung suchen müssen, vielmehr in jedem Menschen, jedem Wesen einen möglichen Ansprechpartner zu sehen, immer nur zu spielen und die Gegenwart auszukosten, im jeweiligen Moment ganz und gar bei sich zu sein und alles um sich herum zu vergessen, auch einem momentanen aufwallenden Impuls oder Interesse zu folgen und nicht allzu viele Gedanken an mögliche Konsequenzen zu verschwenden, so stellt sich der Philosoph Wilhelm Schmid die Rückkehr in die Lebensweisheit der Kinder vor und erinnert sich an tausend Einzelheiten im Umgang mit seinen eigenen Kindern: »Damals, als meine Tochter drei war, gehen wir im Sommer auf dem Trottoir entlang und dann springt sie plötzlich wie eine Verrückte hin und

her und beginnt zu weinen. Ich beruhige sie und frage sie nach ihrem Kummer, und sie sagt, sie möchte nicht auf ihren Schatten treten, sie müsse ständig auf ihren Schatten treten. In dem Moment wird mir klar, welche Eigenart das ist, dass wir Menschen Schatten werfen, die uns ständig begleiten und von einem Kind als ein anderes Wesen wahrgenommen werden, dem es nicht wehtun will. Aber es wird es nicht los. Ist da nicht auch eine tiefe Wahrheit dahinter, dass wir mit jedem Schritt, den wir machen, irgendwie auch jemandem wehtun, und sei es uns selbst? Also dass wir etwas achtsamer unsere Schritte setzen könnten?«

Kinder sind Philosophen

Den Erziehenden, so Wilhelm Schmid, steht es gut an, nicht nur zu erziehen, sondern auch sich erziehen zu lassen und den Prozess der Erziehung so zu einem wechselseitigen zu gestalten, nicht nur zu lehren, sondern auch von der Lebenskunst der Kinder zu lernen. So wachsen sie selbst noch einmal heran, erschließen das Leben und die Welt erneut und lernen vielleicht jetzt erst wirklich zu leben. Diese Möglichkeit gehört zu dem unerhört Schönen des Lebens mit Kindern und ist ein üppiger Ausgleich für zahllose Mühen und Entbehrungen. Wilhelm Schmid macht gute Erfahrungen damit, mit den Augen des Kindes zu sehen: »Ich habe mir in weit zurückliegenden Jahren viele Gedanken darüber gemacht, ob es für einen Philosophen überhaupt möglich ist, eine Familie zu haben, und die Ursache dafür war, dass es in der Geschichte der Philosophie nicht sehr viele gelungene Beispiele gibt, falls Philosophen

Kinder hatten. Heidegger beispielsweise hat die Kinder wegschließen lassen, hat sie seiner Frau anvertraut, die durften ihn nicht stören in seiner wesentlichen, schweren Seinsarbeit. Ich habe das andere Experiment gemacht, mit einem sehr klaren Ausgang: Nichts verträgt sich besser als ein Kind und die Philosophie. Es ist buchstäblich nicht nur Nachbarschaft, sondern es ist eine innige Freundschaft. Denn Kinder sind Philosophen von Natur aus. Sie sind diejenigen, die unbefangen fragen, die immer weiter fragen, mehr noch als der erwachsene Philosoph. Ich habe das von meinen Kindern wieder gelernt, dieses nachhaltige Fragen und dieses Aufmerksamwerden auf Dinge, die nicht zusammenstimmen, die wir Erwachsene längst akzeptiert haben, dass das so ist. Das Philosophischwerden, das liegt nahe, das von den Kindern wieder aufzunehmen«.

Die hermeneutische Arbeit eines Kindes, wie sich der Philosoph auszudrücken pflegt, ist eine Suche nach Antworten auf Sinnfragen. Sie fragen danach, was die Welt im Innersten zusammenhält, und sie suchen Erklärungen, die ihnen helfen, sich in der Welt zurechtzufinden. Für Wilhelm Schmid gehört dies zur Genialität von Kindern: »Sie können auch im kleinsten Sandkorn das Schöne sehen. Ein Kind muss man nur losgehen lassen, es wird Schönes finden, und es ist gut, ihm auf der Spur zu bleiben, um diesen Blick wieder zu bekommen, für diese Blume, auch für diese Technik oder für diese Wolken am Himmel, für die Figuren, die sie machen oder für die Faszination des Wassers oder die wunderschöne Freundschaft, die sie entwickeln. Kinder finden Schönes, wenn man ihnen nicht um jeden Preis dabei Knüppel in die Beine werfen will, was manche Menschen machen.«

So betrachtet philosophieren die Kinder von selbst, sie denken nach und fragen beharrlich, sie argumentieren, hören und fragen weiter: Was ist das? Und: Warum ist das so? Was wäre wenn? Sie wollen es wissen. Alles. Von Anfang an. Sie wollen wissen, woher und wie sie in die Welt gekommen sind. Wie sind sie entstanden? Wie ist die Welt entstanden? Wie groß ist die Welt und wo ist sie zu Ende? Und was gibt es darüber hinaus? Und schließlich der Tod. Unfassbar. Warum müssen Menschen sterben? Warum ist Opa gestorben? Wie geht es ihm dort, wo er jetzt ist? So fragt Miriam: »Mein Opa war schwer krank und hatte Krebs. Dann ist es halt immer schlimmer geworden, und da hab ich Gott gefragt: Warum ist das so? Ob es nicht besser werden kann. Als er gestorben ist, habe ich gefragt, wieso das denn sein musste. Er hat dann gesagt, dass es sein müsste, dass ich nicht traurig sein sollte, dass er sich nur rumgeplagt hätte, dass es ihm oben gut geht und er sich wohl fühlt. Das hab ich dann geglaubt«.
Kinder besitzen die Gabe der Unwissenheit. Darin sind sie Lehrmeister. Sie hadern nicht mit ihrer Existenz. Sie haben die Kraft und den Mut der Beharrlichkeit. Hören nicht auf, das Schöne, Bejahenswerte zu suchen. Die Freude im Spiel, an einem Leibgericht, einer Lieblingspuppe, einem Lieblingspferd, einem Lieblingsort, einer phantastischen Geschichte. Kinder tun alles, sagt Wilhelm Schmid, sich ein Leben einzurichten, das in ihren Augen schön und bejahenswert ist. Kinder geben die Hoffnung nicht auf, selbst unter sehr schwierigen Bedingungen.

So ist es auch bei Kandy: »Früher haben meine Mutter und mein Vater mich geschlagen, und dann sind wir weggezogen und dann hat mein Vater meine Mutter bedroht mit dem Messer. Dann sind wir erst ins Frauenhaus, und dann sind mein großer Bruder und ich für ein paar Wochen hier ins Heim gekommen; dann sind wir wieder raus, und dann gab es wieder Probleme mit meinem Stiefvater. Dann hab' ich gesagt: Irgendwann reicht es nicht mehr, entweder er geht oder ich gehe, und da hat er gemeint, wer geht, das bist du – ich bleibe. Ja, da hab ich gesagt, dann gehe ich. Meine Mutter war am Kochen, und dann haben die Jeanette und der Jason und mein großer Bruder mir geholfen, die Sachen zu packen, und dann hat der Peter mich hier ins Heim gefahren mit der Mutti und die hat dann gesagt: Wenn du dich verbessert hast, dann darfst du wieder nach Hause kommen. Gleich danach in dem Jahr habe ich mich gebessert, und sie hat mich im Stich gelassen und jetzt sitz ich immer noch hier. Es ist ein dummes Gefühl, wenn man so ausgeschlossen ist. Das Allerschlimmste.«

Kandy hat die Vertreibung aus dem Paradies seiner Kindheit sehr früh erlebt. Heute wohnt der dreizehnjährige Junge schon sechs Jahre im Heim. Seine Mutter hat ihn einfach vergessen. So kam das Unglück in Kandys Welt. So kam das Unglück in die ganze Welt und schreibt bis heute seine traurigen Geschichten in das Stammbuch der Menschenfamilie. Kain erschlug seinen Bruder Abel. Es waren die Kinder unserer Ureltern: Adam und Eva, die Gott aus dem Garten Eden jagte. Es gibt kaum einen Menschen, der in seiner

Kindheit nur das leichte Wolkenspiel des Himmels kennt; der Abgrund liegt ganz dicht daneben. Warum wohl hat Gott dem Moses das vierte Gebot auf die Tafel geschrieben: Du sollst Vater und Mutter ehren …? Ob er wusste, wie schwer das für viele Menschen ist? Und warum hat Gott dem Moses nicht noch hinzugefügt: Du sollst auch deine Kinder ehren?
Zum Beispiel so ein Kind wie Tim: »Ich habe noch einen Bruder, der lebt bei meiner Tante. Meine Mutter wollte ein Mädchen haben, und dann war es ein Junge, aber den wollte sie nicht. Da hat meine Tante gesagt, bevor er abgetrieben wird, nimmt sie ihn, und sie hat ihn jetzt großgezogen. Meine drei Geschwister waren ein Jahr vorher im Heim, danach bin ich ins Heim gekommen. Meinen Vater kenne ich nicht. Ich war im Hort, da habe ich Taschengeld bekommen und meinen Geschwistern immer etwas mitgebracht zum Essen. Ich habe Geschirr gespült und gewaschen, ja, ich habe immer aufgepasst auf meine Brüder, damit sie gut satt geworden sind; da war ich elf oder zehn. Wenn Kinder geboren werden, braucht man sie ja nicht gleich wegstecken, da haben ja die Eltern Schuld. Das denk ich manchmal, wenn ich hier im Heim lebe ohne Eltern und so. Wenn ich mal Kinder habe, die liebe ich. Jeder wünscht sich Eltern. Eltern sind das Wichtigste, was man hat. Aber es sollen bloß Eltern sein, die ihre Kinder lieb haben.«
Der amerikanische Psychologe John Bradshaw, er ist einer der bekanntesten Persönlichkeiten auf dem Gebiet der Familientherapie, erlebte eine sehr schwierige Kindheit, weil sein Vater Alkoholiker war. In seinem Buch *Das Kind in uns* schreibt er: »Wenn die Entwicklung eines Kindes gehemmt wird, wenn Gefühle unter-

drückt werden, vor allem Zorn und Schmerz, trägt der Erwachsene später ein zorniges, verletztes Kind in sich. Und dieses Kind bestimmt unvorhersehbar das Verhalten der Erwachsenen. Es erscheint zunächst grotesk, dass ein kleines Kind im Körper eines Erwachsenen weiterleben kann. Aber genau das meine ich«.

Ein Kind wird vor allem dann verletzt, wenn es in seiner Einmaligkeit und Besonderheit nicht gesehen wird. John Bradshaw nennt dies die »spirituelle Verletzung« des Kindes. Spiritualität drückt sich für ihn in dem sicheren Gefühl aus: Ich bin, wer ich bin. Diese spirituelle Verletzung, schreibt Bradshaw, ist mehr als alles andere dafür verantwortlich zu machen, wenn aus Menschen unselbstständige, schamerfüllte »erwachsene Kinder« werden. Die Geschichte des Niedergangs eines jeden Mannes und einer jeden Frau handelt davon, dass ein wunderbares, wertvolles, besonderes und kostbares Kind sein Gefühl für das »Ich bin, wer ich bin« verloren hat. Solange wir nicht unseren Anspruch auf dieses Kind geltend machen und es unter unsere Fittiche nehmen, wird es sich immer wieder melden und unser Leben als Erwachsene bestimmen. Und spätestens in Krisensituationen, wenn Konflikte aufbrechen, kehren die verdrängten Schmerzen aus der Kinderstube zurück – in manchem erwachsenen Menschen führt dann das verletzte Kind einen Kampf auf Leben und Tod. Das verletzte Kind will endlich auf den Grund seiner Wunde fallen, die Ursache erkennen, um heil zu werden. Oft genug zahlt es dafür einen sehr hohen Preis.

Dorothee Bücking, analytische Kinder- und Jugendlichenpsychotherapeutin, kennt diesen Schmerz des verletzten Kindes: »Ich halte es immer für eine kreative

Leistung, wenn Kinder ein Signal geben, das sagt: Ich werde damit nicht fertig. Dann kann ihnen geholfen werden. Diese Kinder sind sehr viel besser dran als die, deren Schmerz so groß ist, dass man da gar nicht rankommen darf, deren Schmerz ja aber doch irgendwo bleibt und dann an anderen Stellen plötzlich zum Vorschein kommt; wo das so abgespalten ist, dass man gar nicht weiß: Warum reagiert der Mensch jetzt so heftig? Mir fällt ein Mann ein, der seinen Vater verloren hatte und deshalb Aufgaben übernehmen musste innerhalb seiner Familie. Als er dann als Erwachsener seinen Sohn für etwas bestrafen wollte, fing er an, den Sohn zu beneiden, dass der einen Vater hatte und er selber nicht. Das war ihm lange gar nicht klar gewesen, dass er den eigenen Sohn beneidete, weil der das Glück hatte, einen Vater zu haben«.

Kinder leiden anders als Erwachsene. Oft ziehen sie sich zurück in die Einsamkeit ihrer phantasierten Welten. Oder sie verstummen. Oder sie schreien, schlagen um sich. Kinder tragen Trauer und Schmerz lange mit sich herum. Zu lange. Ihre Seelen schleppen oft enorme Geschichten in das Erwachsenenalter hinein, sie berichten von Jahren des Ausgeliefertseins, der Lieblosigkeit, des Missbrauchs. Und Kinder hoffen gegen jeden Sinn. Sie stehen in Treue und Loyalität zu denen, die ihnen diese Wunden geschlagen haben, und wagen es nicht, die Faust gegen sie zu ballen. Eher suchen sie die Schuld bei sich selbst.

Dorothee Bücking hilft Kindern und Jugendlichen in ihrer therapeutischen Arbeit, die verkehrten inneren Welten wieder vom Kopf auf die Füße zu stellen: »Diese Kinder haben ja auch eine große Liebe zu ihren nächsten Personen und sie sind vielleicht manchmal überfordert damit, nur diesen Teil zu leben, sie haben ja auch ambivalente Gefühle, Gefühle des Zorns, des Zurückgewiesenwerdens. Häufig erlebe ich, dass sie sich deshalb selber für nicht liebenswert halten. Man muss bedenken, was das für ein Kraftaufwand ist, den diese Kinder eigentlich nicht bewältigen können, und dabei muss man ihnen helfen. Sie sollen wissen, dass sie diese anderen Gefühle auch haben dürfen und dass die gar nicht so zerstörerisch sind, wie sie denken, dass sie ihre aggressiven Gefühle, die sie immer meinen unterdrücken zu müssen, haben dürfen, weil sie auch Liebesgefühle haben. Wenn sie diese Gefühle integrieren können, werden sie auch mit schwierigen Situationen besser fertig.«

Gott steht auf der Seite der Kinder

Die Jünger, so berichtet der Benediktinerpater Anselm Grün, stritten sich, wer von ihnen der Größte sei. Da stellte Jesus ein Kind in die Mitte und umarmte es. Kinder galten zur Zeit Jesu wenig. Sie waren religionsunmündig und so kümmerte man sich nicht um sie. Jesus sah das anders: Er stellte das Kind in den Mittelpunkt. Er umarmte das Kind, nahm es bedingungslos an. Nur an zwei Stellen ist in der Bibel von Umarmungen Jesu die Rede, beide Male sind es Kinder, die er auf diese Weise zärtlich berührt. Anselm Grün folgert daraus: »Jesus zeigt uns mit seinem Verhalten: Gott steht auf der Seite der Kinder. Das ist eine Provokation für unser Gottesbild, für unser Selbstbild.« Jesus zerbricht die Maßstäbe der erwachsenen Männer und Frauen, der Menschen, die stets groß, stark und leistungsfähig sein wollen. Er hält ihnen die Kleinheit des Kindes vor Augen. Damit, so Anselm Grün, entwirft er ein Bild für unser wahres Selbst. »Vor Gott sind wir klein, wer sich vor Gott aufbläht, hat nichts vom Menschen und von Gott verstanden. Jesus ist Kind geworden, das nackte, frierende, verfolgte Kind in der Krippe im Stall. Als hilfloses Kind erinnerte er die Menschen daran, dass sie sich ihm nur nähern können wie einem Kind: mit zärtlichen Händen, mit Offenheit, Unmittelbarkeit, Staunen und Liebe«.

In jedem Menschen wohnt dieses göttliche Kind, doch scheint es oftmals unauffindbar. Zurückgezogen kauert es im hintersten Winkel der Seele, weil die Feinde übermächtig wurden. Wut und Rechthaberei, Misstrauen, Selbstbeschuldigungen, Härte gegen sich und andere, Selbsthass, Selbstverrat und Angst, Lebensangst, alles das sind tiefe Spuren einer Lebensgeschichte, in der die Sehnsucht eines Kindes nach Liebe und Annahme nicht erhört wurde. So musste es seine Gefühle betäuben, im schlimmsten Falle abtöten, so musste es erwachsen werden. Das innere Kind, sagt Anselm Grün, könnte für viele Erwachsene ein Wegweiser sein, wieder zum eigentlichen Wesen zurückzufinden, denn »heute leben wir von Illusionen. Als ob alles machbar sei, als ob die Krankheit manipulierbar, der Tod zu verdrängen sei. Und je mehr man meint, man könne alles machen, desto mehr plagt die Angst, weil man spürt: man kann doch nicht alles machen. Wenn ich mich nach den Maßstäben der Gesellschaft richte, dann gerate ich immer mehr in Angst, und das ist für mich die Frage von Glauben. Die erste Tatsache des Glaubens ist: Woher definiere ich mich? Definiere ich mich von diesen Maßstäben oder traue ich dem göttlichen Kind in mir? Spüre ich: Ich bin noch jemand anders, mein Wert hängt nicht davon ab, was die Gesellschaft von mir denkt, ob sie mich akzeptiert, sondern ich habe in mir Heimat, in mir einen Grund? Es ist die Frage: Woher definiere ich mich?«

Anselm Grün nennt dieses wunderbare Kind das göttliche Kind in uns. Ein Symbol für das unverfälschte Bild, das Gott sich von jedem Menschen gemacht hat. Jeder, so Anselm Grün, ist ein einzigartiger Ausdruck Gottes, wir sind nicht nur die Kinder unserer Eltern, wir sind ein Gedanke Gottes, ein Wort Gottes, ein Bild Gottes, ein einmaliges. Dieses innere Kind bringt dieses unverfälschte Bild Gottes in uns zur Darstellung, es will uns befreien von den Bildern, die andere uns übergestülpt haben, die Eltern, die Bilder unseres Über-Ichs, unseres Ehrgeizes, mit denen wir uns so oft knechten. Sobald wir mit dem inneren Kind in Berührung kommen, sagt Anselm Grün, wird unser Leben stimmig, echt und authentisch. Der wahre Therapeut und Lebensphilosoph ist das innere Kind in uns.

Der Benediktinermönch Dieter Haite, er leitet mitten in Hannover ein kleines Stadtkloster, sieht zwischen Jesus und diesem Kind eine Seelen-Verwandtschaft: »Jesus und die Kinder sind Verwandte der göttlichen Natur. Das heißt, es steht nichts der Berührung entgegen zwischen dem Kind und dem Leben. Kinder wollen unmittelbar berühren, sie tasten alles an. Jesus hatte ganz viele Situationen, wo er ertastet. Göttliche Natur ist für mich dieses Unmittelbare. Dass wir Weihnachten feiern, was man theologisch die Inkarnation nennt, also die Menschwerdung, das heißt doch: unmittelbare Begegnung, da steht nichts mehr dazwischen. Und das macht das Kind und Jesus so nahe, deswegen heißt es: Wenn ihr nicht werdet wie die Kinder. Heute ist das Unmittelbare nicht mehr gefragt. Heute ist das Geplante, Strukturierte in allen Lebensbereichen gefragt. Wenn Jesus heute sagen würde: Wenn ihr nicht werdet wie die Kinder, dann würde er unser gesamtgesellschaftliches Verständnis durchbrechen, denn ein Kind hat immer die Art, etwas zu hinterfragen, so lange, bis es verstanden hat. Ein Kind würde Armut nicht einfach hinnehmen, Armut fällt nicht vom Himmel, Armut wird gemacht. Ein Kind würde diese Armut hinterfragen. Dieses rumorende Kindliche wäre durchaus wünschenswert, weil wir heute in einer falschen Sicherheit leben«.

Wenn ihr nicht werdet wie die Kinder

Und wenn eines Tages die Fragen verstummen, ist die Kindheit zu Ende. Jetzt lauten die Botschaften: Sitz still! Sei still! Sei nicht neugierig! Sei nicht aufdringlich! Hör auf zu drängeln! Warte ab! Geh niemandem auf die Nerven! Sieh zu, dass du nicht auffällst! Guck, was die andern tun – und folge ihnen! Niemand fragt mehr: Warum ist das so? Die Geheimnisse sind keine Geheimnisse mehr. Es ist, wie es ist. Hör auf zu bohren! Die oft widerspenstige Erregtheit des Kindes legt sich, geht langfristig über in den Schlaf der Resignation. Die Kindheit bleibt zurück wie ein Traum aus fernen Welten, ein verlorenes Paradies. Wenn ihr nicht werdet wie die Kinder… hat Jesus den Erwachsenen zugerufen, und sein Satz endet mit der Warnung: dann werdet ihr nicht in das Himmelreich kommen. Er liebte die Kinder in seiner Nähe, forderte oft gegen den

Widerstand seiner Jünger: Lasset die Kindlein zu mir kommen.
Es ist möglich, das innere Kind in uns jederzeit aufzusuchen. Der Weg dorthin heißt für den Benediktinerpater Anselm Grün Barmherzigkeit. Barmherzig mit mir sein bedeutet dann, das eigene Herz nicht vor mir selbst zu verschließen, Erbarmen haben mit dem, was in mir unglücklich und einsam ist, auch mit den Kränkungen und Verletzungen. Mitleid haben mit diesem inneren Kind. Ihm einen geschützten Raum gewähren, in dem es heranwachsen, nachreifen kann. Ihm fürsorglich nun selbst Mutter und Vater sein. Weitere gute Wege sind Erinnerungen an Dinge, die wir liebten: eine Puppe, ein Spielzeug, ein frühes Kinderbild, das Heiterkeit und Lebensfreude zeigt. Und Märchen. Wunderbare Geschichten, die uns in phantastische Welten entführen. Einen Ausritt mit dem »Pferd Huppdiwupp« zu Luisa und Antonia, die gerade ihre Beine vertauscht haben: *…und dann erzähle ich die Geschichte von den vertauschten Beinen, wo Luisa und Antonia mit der Großmutter spazieren gehen und sich gegenseitig treten, und die Großmutter sagt: Hört damit auf, aber sie hören nicht auf, und plötzlich geht Luisas Bein ab und die Kinder staunen: Was, das Bein geht ab? Ja, und dann geht Antonias Bein auch ab. Waas?? Und dann sagt die Großmutter; seht ihr, das kommt davon, dann sammelt die Großmutter die Beine auf, die auf der Straße liegen, steckt sie in die Tasche und sagt: Nun müssen wir zum Arzt gehen, zu Doktor Pflastermann. Der die wieder anmacht …«*
So schön erzählt Heinrich Hannover. Er war ein bekannter und äußerst unbequemer Strafverteidiger. Und er ist immer noch ein zauberhafter, humorvoller Kin-

derbuchautor. Soeben ist er achtzig Jahre alt geworden. Oder sollte man sagen: achtzig Jahre jung? Denn auch als Erwachsener hat er die kindliche Lebenskunst stets gepflegt: »Ich merke, wenn ich mit Kindern umgehe, dass da eine Erinnerung hochkommt an meine eigene Kindheit. Dass man keine klare Grenze zieht zwischen der Realität und der Traumwelt und für eine kindliche Phantasie einiges möglich ist, was für das erwachsene Denken unmöglich ist. Dass man zum Beispiel eine Geschichte von einem Vogel erzählt, und dann verwandelt sich der Vogel plötzlich in einen Vogel aus Metall, auf der Pfeife aus Holz, da sagt ein Erwachsener: Wie kann das sein? Für ein Kind ist das gar kein Problem. Und so ein Pferd Huppdiwupp, das sich bemüht, über ein Haus zu springen, dabei durch die Dachziegel saust und der Großmutter auf den Kaffeetisch und dort mit den Beinen im Kuchen, in der Sahne, in der Kaffeetasse und in der Milchkanne landet, das macht einem Kind furchtbaren Spaß. In einer erwachsenen Geschichte wäre das unmöglich«.

Von Kindern kann man viel lernen. Zum Beispiel die Realität zu hinterfragen, nicht alles so oberflächlich zu sehen. Mehr als andere Erwachsene, sagt der Vater und Großvater Heinrich Hannover, habe er den Kontakt zu seiner eigenen Kindheit nie verloren. Noch heute kann er sich erinnern, wie er als Kind fühlte, wie er dachte und wie für ihn die Welt damals aussah: »Ich habe über die Unendlichkeit des Raumes und der Zeit ganz tiefschürfend nachgedacht, bis ich fast Kopfschmerzen kriegte. Diese Sterne, die ganz oben am Himmel sind, und wenn man dann hört, dass die so weit weg sind, und man sich das vorstellt und versucht, das Ende der Welt zu denken und sich klar macht, es kann ja eigentlich gar kein Ende geben, es muss ja immer weitergehen, und wie ist das möglich, was liegt hinter dem Ende der Welt? Den Raum muss es doch schon immer gegeben haben – ja, das sind Dinge, über die Erwachsene gar nicht mehr nachdenken, weil sie sich damit beruhigen, dass es irgendwann mal einen Urknall gegeben hat. Das ist ganz unkindlich, so eine Weltsicht. Ich finde diese geheimnisvolle Weltsicht der Kinder eigentlich viel schöner.«

Wenn ihr nicht werdet wie die Kinder, dann werdet ihr nicht ins Himmelreich kommen … hat Jesus gesagt – und für diese Drohung mag es triftige Gründe geben. Die Mahnung: »Werdet erst einmal erwachsen …« überließ Jesus den weltlichen Erziehern. Und dagegen ist nichts einzuwenden, wenn damit gemeint ist: Werde ein selbstständiger und verantwortlicher Mensch. Es könnte sogar sein, dass dann die Suche nach der verlorenen Kindheit erst wirklich beginnt. Denn vielleicht ist es nur möglich, mit der Reife eines Erwachsenen seinen Erfahrungen von Schmerz, Enttäuschung, Niederlagen und Glück, dem inneren Kind wirklich zu begegnen, um ihm nun selber barmherzig und erwachsen Mutter und Vater zu sein. Werdet wie die Kinder … das ist eine große Aufgabe – und fürwahr kein Kinderspiel.

Literaturempfehlungen

Wilhelm Schmid: Mit sich selbst befreundet sein. Von der Lebenskunst im Umgang mit sich selbst, Frankfurt am Main 2004
(Unter Lebenskunst versteht Schmid nicht das leichte,

unbekümmerte Leben, sondern die bewusste, überlegte Lebensführung, die, wenn sie gewählt wird, mühevoll und doch auch eine Quelle der Erfüllung sein kann.)

Heinrich Hannover: Die untreue Maulwürfin. Mit Illustrationen von Manfred Bofinger, Berlin 2000
(Dieses Buch enthält seine schönsten Vorlesegeschichten, man begegnet allen bekannten Persönlichkeiten wieder, z. B. dem Pferd Huppdiwupp und Alida Butterfeld und ihrem Hotelpersonal.)

John Bradshaw: Das Kind in uns, München 2000
(Bradshaw zeigt, wie wir zu dem eigenen Kind in uns zurückkehren, um mit der Kindheit abzuschließen.)

Autorinnen und Autoren

LOTHAR BAUEROCHSE
Dr. theol., geb. 1963; Redakteur in der Kirchenredaktion des Hessischen Rundfunks.

KLAUS HOFMEISTER
geb. 1960, Diplom-Theologe, Redakteur in der Kirchenredaktion des Hessischen Rundfunks.

MICHAEL HOLLENBACH
geb. 1958, freier Rundfunkjournalist und Buchautor; er lebt in Hannover.

MARGOT KÄßMANN
Dr. theol., geb. 1958, Landesbischöfin der Evangelisch-Lutherischen Landeskirche Hannovers.

BARBARA LEITNER
geb. 1957, freie Journalistin, Hörfunkautorin und Coach in Berlin.

ANDREAS MALESSA
Pastor im Bund Evangelisch-freikirchlicher Gemeinden; freier Hörfunkjournalist beim Deutschland-Radio Köln und Berlin sowie Fernsehmoderator beim Südwestfunk.

MATTHIAS MORGENROTH
Dr. theol., geb. 1972, Hörfunkjournalist, Buchautor; er lebt in München.

RENATE NABER
geb. 1956, Hörfunkautorin im Bereich Kultur, Theolo-

gie und Wissenschaft für den Westdeutschen Rundfunk und den Hessischen Rundfunk.

ANGELIKA SCHMIDT-BIESALSKI
geb. 1948, arbeitet nach abgeschlossenen Studien der ev. Theologie und Pädagogik und Publizistik als Journalistin für Hörfunk und Fernsehen.

FULBERT STEFFENSKY
Dr. theol., geb. 1933, em. Professor für Religionspädagogik am Fachbereich Erziehungswissenschaft der Universität Hamburg.

DORIS WEBER
Journalistin für Zeitung und Hörfunk, bei der christlichen Wochenzeitschrift Publik-Forum verantwortliche Redakteurin für das Journal und die Jugendzeitung provo; sie lebt in Bremen.